①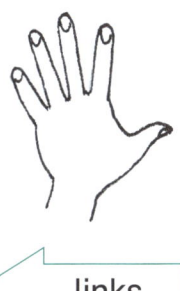

Mit welcher Hand schreibst du?
Male an.

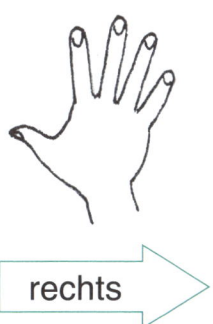

links

rechts

② Wohin schauen die Kinder? Umkreise passend.
Sprich: Das Kind schaut nach ...

oben

links — rechts

unten

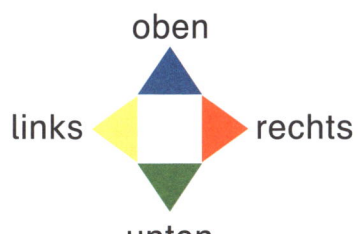

W0052171

③ Male im Bild gleiche Zahlen mit der gleichen Farbe an.

Mein Mathebuch 1 – Arbeitsheft © 2014 Oldenbourg Schulbuchverlag GmbH, München

① Beginne immer beim grünen Punkt. Schreibe jede Zahl genau ins Kästchen.

1 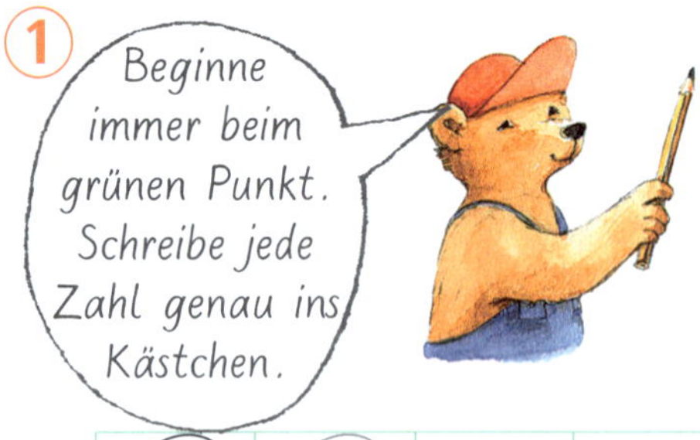 1 1

②

2 2 2

③

3 3 3

④

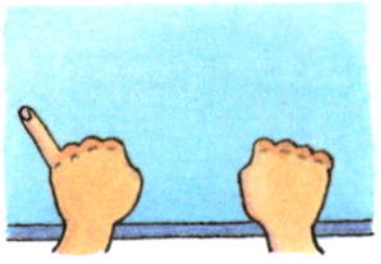

1 ___ ___

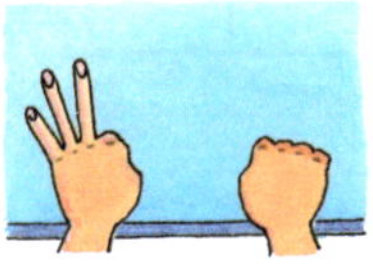

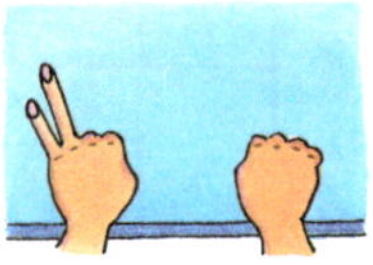

Lege die Finger **auf einmal** hin. Nicht einzeln abzählen!

⑤

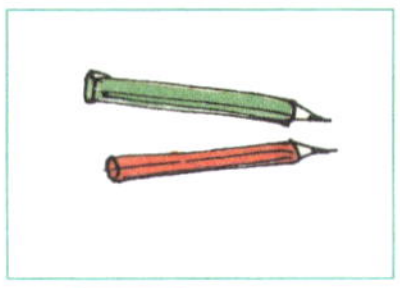

‖ 2   ☐ ___   ☐ ___   ☐ ___

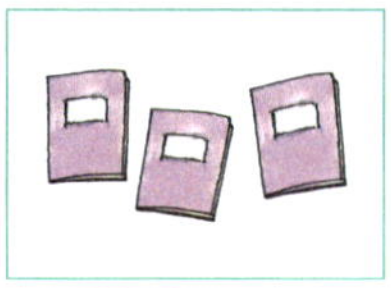

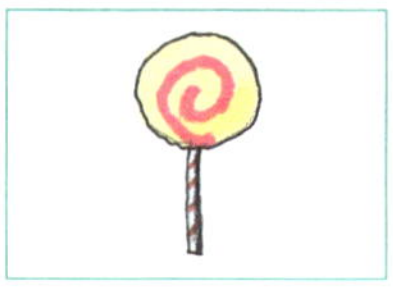

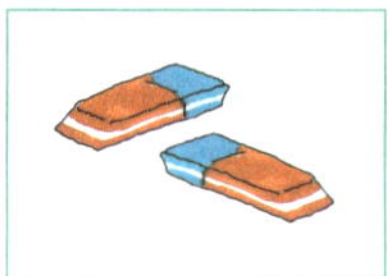

☐ 1   ☐ 2   ☐ 3

Schreibe eine Zahl und male dazu.

⑥ Erkläre deinem Partnerkind das Muster. Setze fort.

1

Ziffern deutlich schreiben; Bedeutungen von Zahlen aus der Umwelt unterscheiden

Mein Mathebuch 1 – Arbeitsheft © 2014 Oldenbourg Schulbuchverlag GmbH, München

①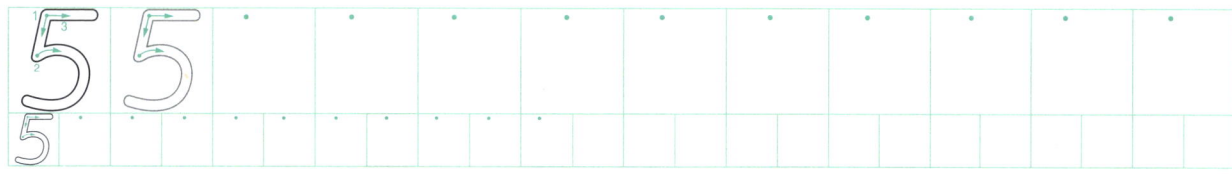

②

③

④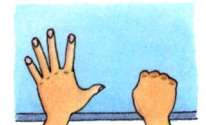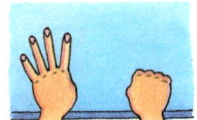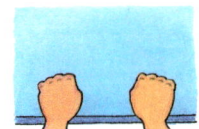

_____ _____ _____ _____

⑤

5

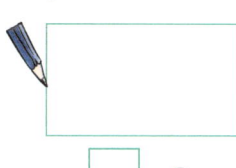  

3   2   5

📙 Schreibe eine Zahl und male dazu.

⑥ Erkläre deinem Partnerkind das Muster. Setze fort.

5

Mein Mathebuch 1 – Arbeitsheft © 2014 Oldenbourg Schulbuchverlag GmbH, München

1 Die kleine Ente macht immer von der kleinen Zahl aus den Schnabel auf.

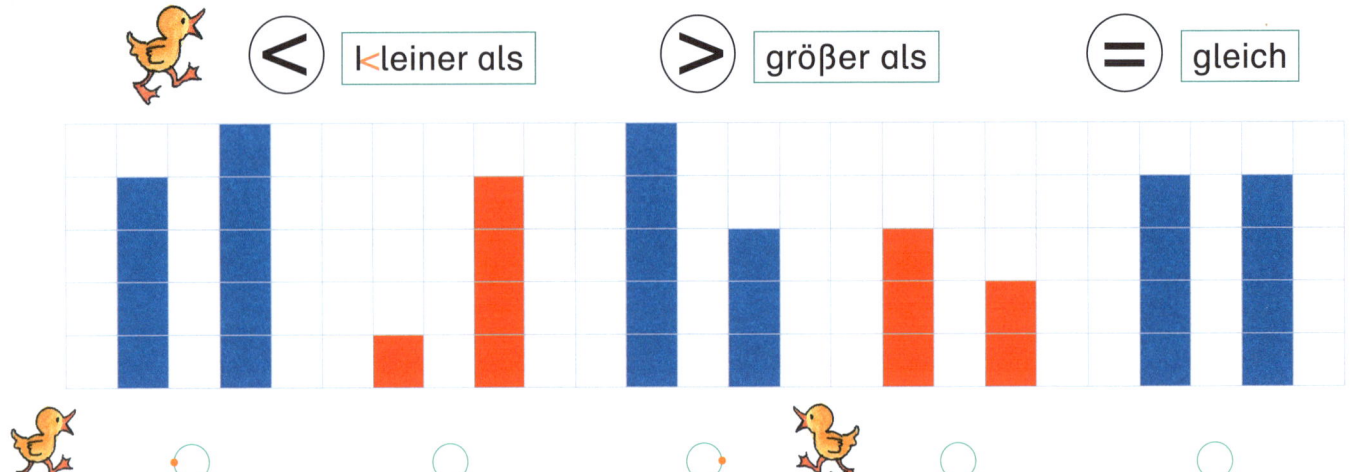

< kleiner als   **>** größer als   **=** gleich

2

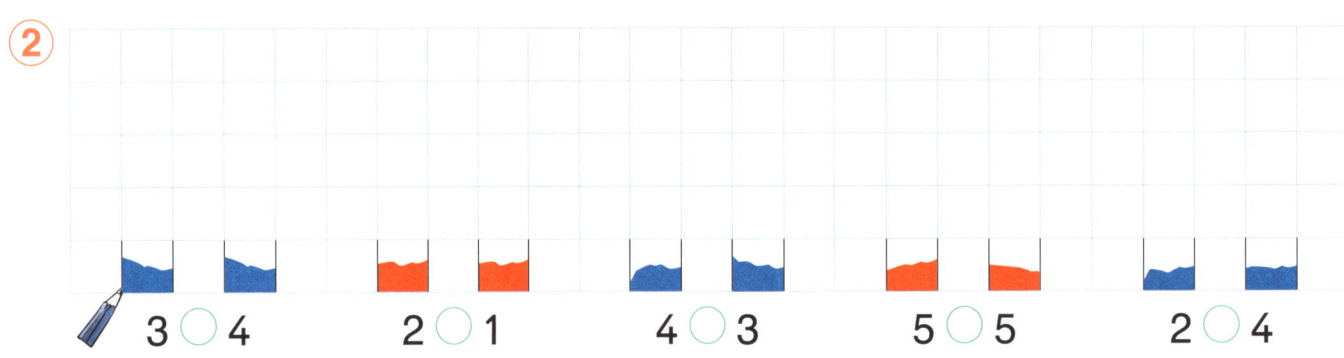

3 ○ 4   2 ○ 1   4 ○ 3   5 ○ 5   2 ○ 4

3 Setze ein:
< (3), **>** (4) oder **=** (3).

2 ○ 3   3 ○ 3
5 ○ 4   2 ○ 1
1 ○ 1   2 ○ 2
3 ○ 4   5 ○ 1
1 ○ 0   2 ○ 5

4 Welche Zahlen passen?

1 2 3 4 5

5 **>** ___   1 **=** ___   ___ **>** 3
5 **>** ___   1 **<** ___   ___ **>** 3
5 **>** ___   1 **<** ___   ___ **=** 3
5 **>** ___   1 **<** ___   ___ **<** 3
5 **=** ___   1 **<** ___   ___ **<** 3

5 Zahlenpaare!

| um 1 kleiner | um 1 größer | um 2 kleiner | um 2 größer |

1 < 2   5 > 4   ___ < ___   ___ > ___

___ < ___   ___ > ___   ___ < ___   ___ > ___

___ < ___   ___ > ___   ___ < ___   ___ > ___

Finde
Zahlenpaare.
• um 3 kleiner
• um 3 größer

Mengen und Zahlen bestimmen und vergleichen

Mein Mathebuch 1 – Arbeitsheft © 2014 Oldenbourg Schulbuchverlag GmbH, München

Reise ins Land des Sachrechnens

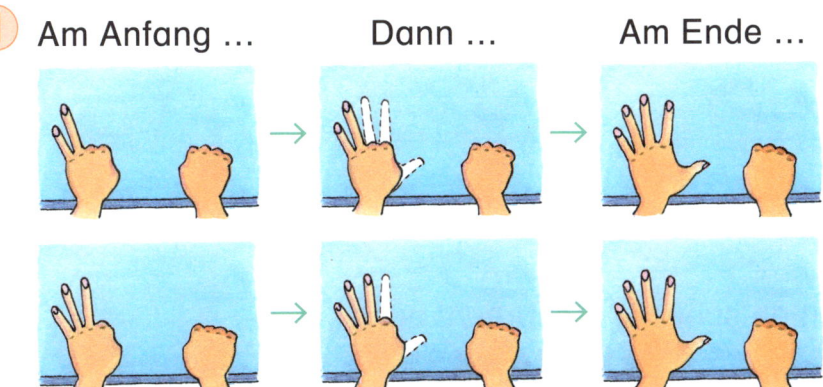

$\oplus$ Aufgaben entdecken

1 Am Anfang …   Dann …   Am Ende …   Rechnung:

$2 + 3 =$ ___

Am Anfang …   Dann …   Am Ende …

___ + ___ = ___

> 1. Ziel: Lege die Finger für „Am Anfang …" **auf einmal** hin. Zähle nicht ab!
> 2. Ziel: Lege die Finger für „Dann …" ebenfalls **auf einmal** dazu.

2 Erzähle zu jedem Bild: Am Anfang … Dann … Am Ende …

$2 + 3 =$ ___

___ + ___ = ___

___ + ___ = ___

___ + ___ = ___

___ + ___ = ___

___ + ___ = ___

___ + ___ = ___

📕 Male und rechne weiter.

3

0 + 1 = ___	1 + 2 = ___	0 + 3 = ___	0 + 4 = ___
1 + 1 = ___	2 + 2 = ___	1 + 3 = ___	1 + 4 = ___
2 + 1 = ___	3 + 2 = ___	2 + 3 = ___	0 + 0 = ___

4 Male eine $\oplus$ Geschichte zu $2 + 3 =$ ___.

$\oplus$ Es werden mehr.
$2 + 3 = 5$
2 plus 3 ist gleich 5.
5 ist das Ergebnis.

Mein Mathebuch 1 – Arbeitsheft © 2014 Oldenbourg Schulbuchverlag GmbH, München

Die Zahl 6

1 6 6

2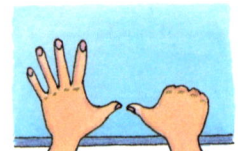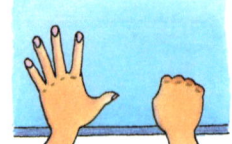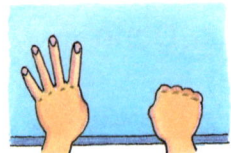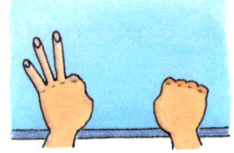

____ ____ ____ ____

3 ICH + DU ▸ Wie erkennt ihr Zahlen schnell? Besprecht euch.

____ ____ ____

____ ____ ____

📙 Male Zahlen so, dass du sie schnell erkennst.

4 Erzähle zu jedem Bild: Am Anfang … Dann … Am Ende …

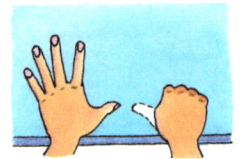 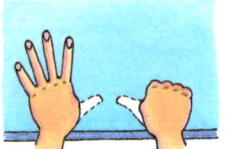 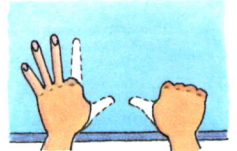 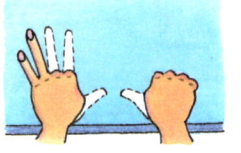

5 + ___ = ___ ___ + ___ = ___ ___ + ___ = ___ ___ + ___ = ___

    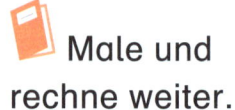

___ + ___ = ___ ___ + ___ = ___ ___ + ___ = ___

📙 Male und rechne weiter.

5 Rechne. Welche Aufgaben kannst du schon im Kopf? Male dazu: ☺

$3 + 1 =$ ___ $4 + 1 =$ ___ $4 + 0 =$ ___

$6 + 0 =$ ___ $5 + 0 =$ ___ $2 + 1 =$ ___

$1 + 2 =$ ___ $3 + 2 =$ ___ $3 + 3 =$ ___

$2 + 4 =$ ___ $1 + 4 =$ ___ $3 + 0 =$ ___

📙 ___ + ___ = 6 Findest du alle Aufgaben?

Mein Mathebuch 1 – Arbeitsheft © 2014 Oldenbourg Schulbuchverlag GmbH, München

Startpunkt beachten!

①

②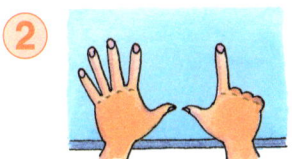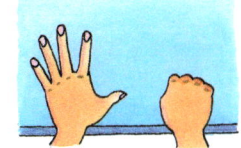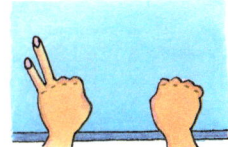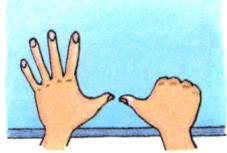

③

 Male Zahlen so, dass du sie schnell erkennst.

④ Erzähle zu jedem Bild: Am Anfang … Dann … Am Ende …

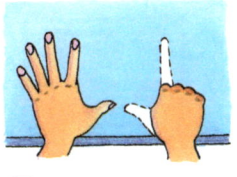 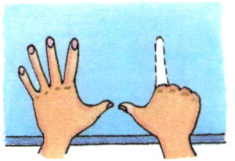 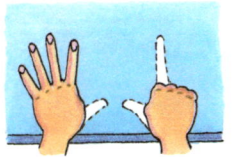 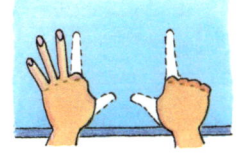

5 + ___ = ___   ___ + ___ = ___   ___ + ___ = ___   ___ + ___ = ___

 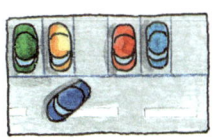 

___ + ___ = ___   ___ + ___ = ___   ___ + ___ = ___

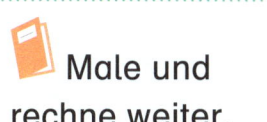 Male und rechne weiter.

⑤ Erkläre deinem Partnerkind das Muster. Setze fort.

 Erfinde eigene Muster.

Mein Mathebuch 1 – Arbeitsheft © 2014 Oldenbourg Schulbuchverlag GmbH, München

① 8 8 . . . .
8

②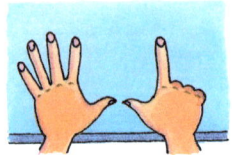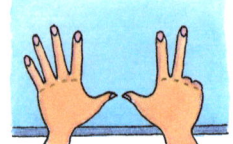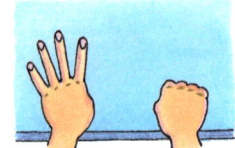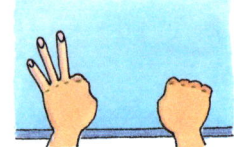

____ ____ ____ ____

③

____ ____ ____

____ ____ ____

④ Erzähle zu jedem Bild: Am Anfang … Dann … Am Ende …

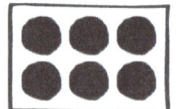 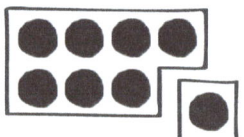 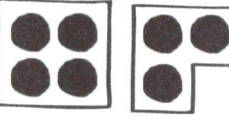 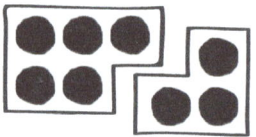

___ + ___ = ___   ___ + ___ = ___   ___ + ___ = ___   ___ + ___ = ___

___ + ___ = ___   ___ + ___ = ___   ___ + ___ = ___

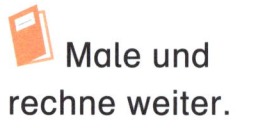 Male und rechne weiter.

⑤ Rechne. Welche Aufgaben kannst du schon im Kopf? Male dazu: ☺

$5 + 0 =$ ___ $4 + 0 =$ ___ $6 + 0 =$ ___

$5 + 1 =$ ___ $4 + 3 =$ ___ $3 + 3 =$ ___

$5 + 3 =$ ___ $4 + 4 =$ ___ $6 + 2 =$ ___

$5 + 2 =$ ___ $4 + 1 =$ ___ $3 + 4 =$ ___

___ + ___ = 8
Findest du alle Aufgaben?

Mein Mathebuch 1 – Arbeitsheft © 2014 Oldenbourg Schulbuchverlag GmbH, München

① 9 9

②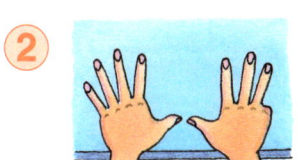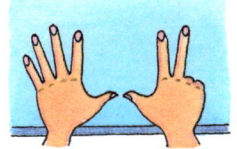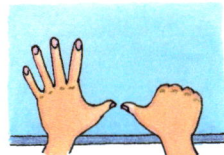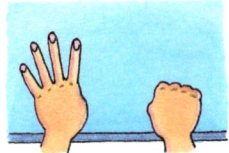

③

④ Erzähle zu jedem Bild: Am Anfang … Dann … Am Ende …

___ + ___ = ___   ___ + ___ = ___   ___ + ___ = ___   ___ + ___ = ___

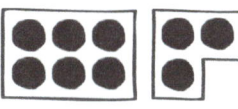 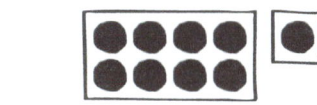 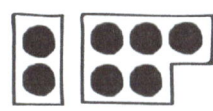 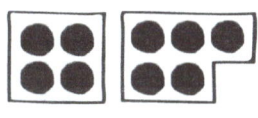

___ + ___ = ___   ___ + ___ = ___   ___ + ___ = ___   ___ + ___ = ___

⑤ Rechne. Welche Aufgaben kannst du schon im Kopf? Male dazu: ☺

5 + 2 = ___	4 + 0 = ___	6 + 1 = ___	7 + 0 = ___
5 + 3 = ___	4 + 1 = ___	6 + 0 = ___	7 + 1 = ___
5 + 4 = ___	4 + 4 = ___	6 + 2 = ___	8 + 0 = ___
5 + 1 = ___	4 + 2 = ___	6 + 3 = ___	8 + 1 = ___

⑥ **ICH + DU** Aufgabe sagen, Ergebnis nennen.

Mein Mathebuch 1 – Arbeitsheft © 2014 Oldenbourg Schulbuchverlag GmbH, München

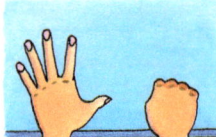 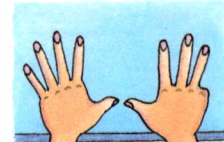 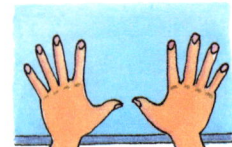 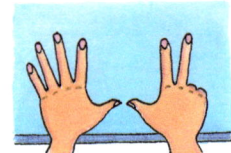

② Zeichne und schreibe weiter. Was fällt dir auf?

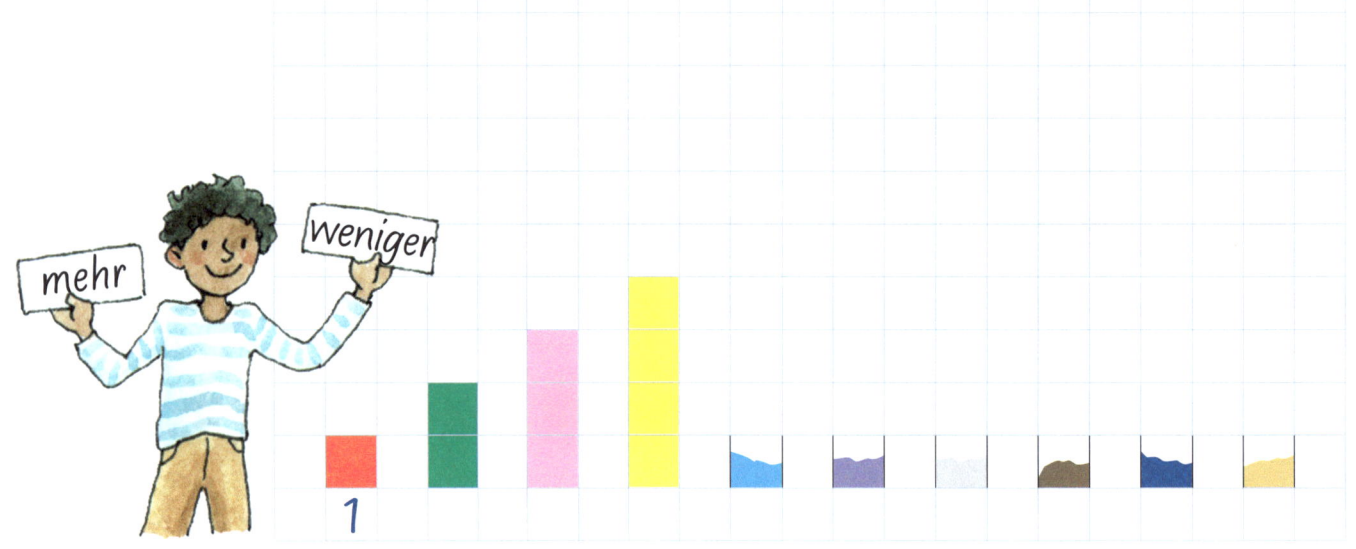

③ Setze die Zahlenreihen fort.

0, 1, 2, 3, ___, ___, ___, ___, ___, ___, 10

10, 9, 8, ___, ___, ___, ___, ___, ___, ___, 0

Erfinde weitere Zahlenreihen.

④ Schöne Türme! Was entdeckst du? Beschreibe. Setze fort.

Untersuche
1. Zahl, 2. Zahl
und das Ergebnis.

5 + 1 =
5 + 2 =
5 + 3 =
5 + =

6 + 4 =
6 + 3 =
6 + 2 =
6 + =

7 + 0 =
7 + 1 =
7 + 2 =
7 + =

⑤ Bilde Rechentürme. Vergleiche mit deinem Partnerkind.

___ + ___ = 3   ___ + ___ = 7   ___ + ___ = 8

___ + ___ = 4   ___ + ___ = 6   ___ + ___ = 8

___ + ___ = 5   ___ + ___ = 5   ___ + ___ = 8

___ + ___ = 6   ___ + ___ = 4   ___ + ___ = 8

Erfinde weitere Rechentürme.

Mein Mathebuch 1 – Arbeitsheft © 2014 Oldenbourg Schulbuchverlag GmbH, München

1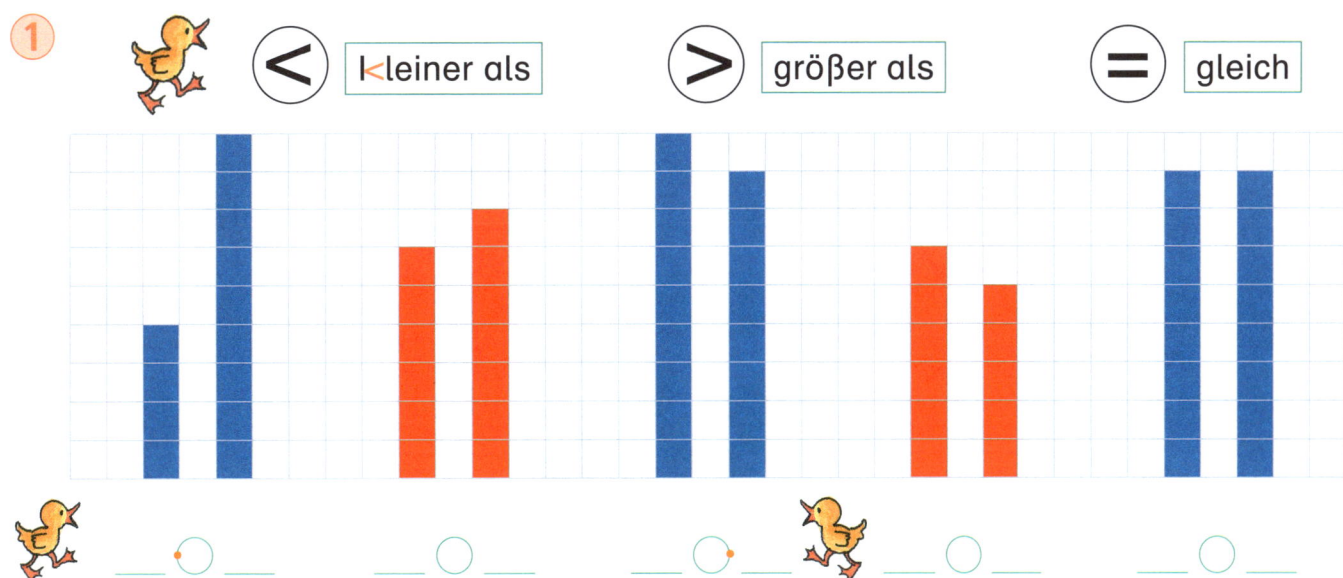

(<) kleiner als   (>) größer als   (=) gleich

__ ○ __   __ ○ __   __ ○ __   __ ○ __   __ ○ __

2

5 ○ 6   2 ○ 1   6 ○ 3   4 ○ 4   3 ○ 5

3 Setze ein:

(<) (3), (>) (4) oder (=) (3).

2 ○ 3	8 ○ 8
5 ○ 4	7 ○ 4
1 ○ 1	3 ○ 3
9 ○ 10	8 ○ 6
8 ○ 7	4 ○ 6

4 Welche Zahlen passen?

1	2	3	4	5	6	7

7 (>) __	3 (=) __	__ (>) 5
7 (>) __	3 (<) __	__ (>) 5
7 (>) __	3 (<) __	__ (=) 5
7 (>) __	3 (<) __	__ (<) 5
7 (=) __	3 (<) __	__ (<) 5

5 Zahlenpaare!

um 1 kleiner	um 1 größer	um 2 kleiner	um 2 größer
_1_ < _2_	_10_ > _9_	__ < __	__ > __
__ < __	__ > __	__ < __	__ > __
__ < __	__ > __	__ < __	__ > __

Finde Zahlenpaare.
- um 3 kleiner
- um 3 größer

Mein Mathebuch 1 – Arbeitsheft © 2014 Oldenbourg Schulbuchverlag GmbH, München

Nachbarzahlen / Ordnungszahlen

1 Ein Zahlenstrahl! Ergänze die fehlenden Zahlen.

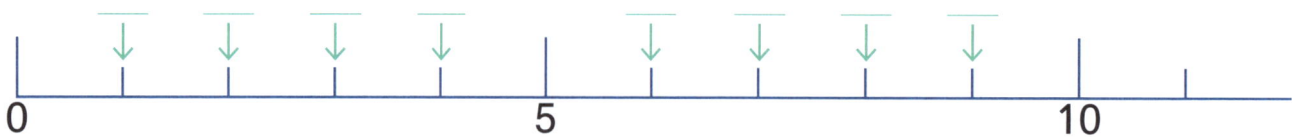

0   5   10

2

kleiner Nachbar	Zahl	großer Nachbar
2	3	4
	6	
	9	
	2	

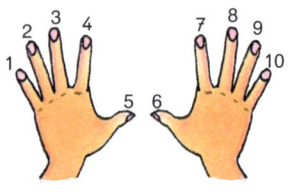 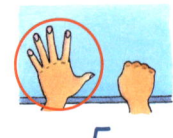 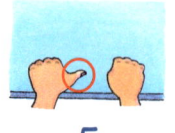

kleiner Nachbar	Zahl	großer Nachbar
	4	
	5	
	8	
	1	

3 ICH + DU Zeige auf einen Strich am Zahlenstrahl.
Dein Partnerkind nennt beide Nachbarn.

4 Wie viele Finger? Der wievielte Finger?

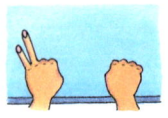 

5   5.

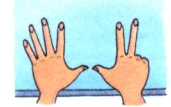 

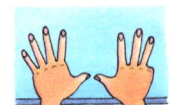 

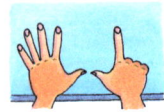 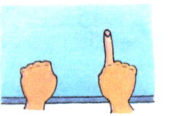

5 Male in jeder Zeile die angegebenen Kästchen gelb an.

4.
2., 3., 4., 5., 6., 7.
2., 3., 6., 7.
2., 4., 5., 7., 8.
1., 2., 4., 5., 7.
2., 3., 6., 7.
2., 3., 4., 5., 6., 7.

Male mit einer Farbe ein Muster. Schreibe die Malanleitung dazu.

Beziehungen zwischen Zahlen begründen

Mein Mathebuch 1 – Arbeitsheft © 2014 Oldenbourg Schulbuchverlag GmbH, München

Über die Finger in den Kopf

① 1. Ziel: Anfangsfinger **auf einmal** hinlegen, dann Plusfinger aufklappen.

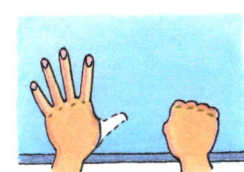

$4 + 1 = \underline{5}$ $5 + 1 = \underline{}$ $6 + 0 = \underline{}$ $7 + 0 = \underline{}$

$4 + 2 = \underline{}$ $5 + 2 = \underline{}$ $6 + 1 = \underline{}$ $7 + 1 = \underline{}$

$4 + 3 = \underline{}$ $5 + 3 = \underline{}$ $6 + 2 = \underline{}$ $7 + 2 = \underline{}$

~~5~~, 6, 6, 6, 7, 7, 7, 7, 8, 8, 8, 9

② 2. Ziel: Lege die Plusfinger **auf einmal** dazu.

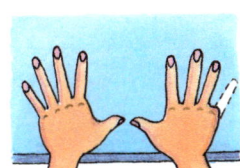

$9 + 1 = \underline{10}$ $8 + 2 = \underline{}$ $7 + 3 = \underline{}$ $6 + 4 = \underline{}$

$8 + 1 = \underline{}$ $7 + 2 = \underline{}$ $6 + 3 = \underline{}$ $5 + 4 = \underline{}$

$7 + 1 = \underline{}$ $6 + 2 = \underline{}$ $5 + 3 = \underline{}$ $4 + 4 = \underline{}$

8, 8, 8, 8, 9, 9, 9, 9, ~~10~~, 10, 10, 10

③ 3. Ziel: Anfangsfinger legen – Plusfinger denken!

$2 + 3 = \underline{}$ $2 + 2 = \underline{}$ $4 + 3 = \underline{}$ $5 + 2 = \underline{}$

$3 + 2 = \underline{}$ $1 + 4 = \underline{}$ $2 + 1 = \underline{}$ $1 + 2 = \underline{}$

$2 + 4 = \underline{}$ $3 + 3 = \underline{}$ $3 + 4 = \underline{}$ $4 + 1 = \underline{}$

3, 3, 4, 5, 5, 5, 5, 6, 6, 7, 7, 7

④ 4. Ziel: Keine Finger legen – alle Finger denken!

$1 + 3 = \underline{}$ $3 + 1 = \underline{}$ $6 + 4 = \underline{}$ $0 + 3 = \underline{}$

$0 + 4 = \underline{}$ $7 + 3 = \underline{}$ $4 + 3 = \underline{}$ $8 + 2 = \underline{}$

$5 + 3 = \underline{}$ $1 + 2 = \underline{}$ $5 + 4 = \underline{}$ $3 + 4 = \underline{}$

3, 3, 4, 4, 4, 7, 7, 8, 9, 10, 10, 10

⑤ Welche Aufgaben auf dieser Seite löst du schon im Kopf? Male dazu: ☺

⑥ **ICH** ► Welche Aufgaben kannst du noch nicht im Kopf?
Wann und wie willst du sie lernen?

   DU ► Wie lernt dein Partnerkind? Tauscht euch aus.

   WIR ► Besprecht eure Lerntipps in der Klasse.

So wirst du zum Rechenprofi!

⑦ **ICH +DU** ► Fragt euch die Aufgaben ab.

Mein Mathebuch 1 – Arbeitsheft © 2014 Oldenbourg Schulbuchverlag GmbH, München

Der Trick mit der 5 / Trick: Tauschaufgaben

① | Der Trick mit der 5. | Erkläre deinem Partnerkind den Rechentrick.

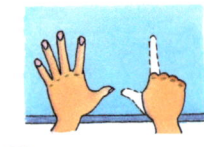 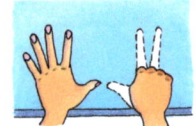 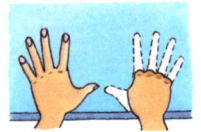 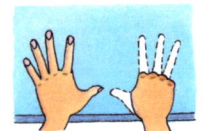

5 + __ = __   __ + __ = __   __ + __ = __   __ + __ = __

② | Erst die rechte Hand dazu, dann die 5 nach vorn. Die Tauschaufgabe!

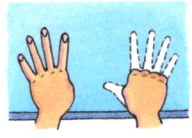 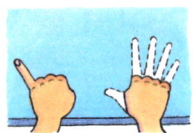

Aus 2+5 wird 5+2.

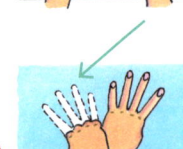  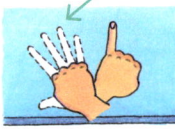 

2 + 5 = __   4 + 5 = __   1 + 5 = __   3 + 5 = __

5 + 2 = __   __ + __ = __   __ + __ = __   __ + __ = __

③ | Der Trick mit der Tauschaufgabe: Große Zahl nach vorn, kleine nach hinten!

1 + 6 = __   2 + 7 = __   2 + 8 = __

__ + __ = __   __ + __ = __   __ + __ = __

 Aufgabe und Tauschaufgabe. Rechne weiter.

④ Wo hilft die Tauschaufgabe? Kreuze an.

1 + 7 = __ X	2 + 8 = __	1 + 3 = __	0 + 8 = __
2 + 4 = __	3 + 4 = __	0 + 4 = __	1 + 8 = __
0 + 6 = __	5 + 5 = __	3 + 7 = __	4 + 4 = __
1 + 3 = __	1 + 6 = __	2 + 3 = __	1 + 4 = __
2 + 6 = __	3 + 5 = __	0 + 5 = __	0 + 9 = __
1 + 2 = __	2 + 2 = __	1 + 1 = __	3 + 6 = __
4 + 5 = __	0 + 7 = __	4 + 6 = __	3 + 3 = __

2, 3, 4, 4, 4, 4, 5, 5, 5, 6, 6, 6, 7, 7, 7, 8, 8, 8, 8, 8, 9, 9, 9, 9, 10, 10, 10, 10

Mein Mathebuch 1 – Arbeitsheft © 2014 Oldenbourg Schulbuchverlag GmbH, München

Welcher Trick hilft?

1 Wie rechnest du?

2 + 6 = ___   5 + 0 = ___   4 + 5 = ___   1 + 8 = ___

5 + 4 = ___   5 + 1 = ___   1 + 4 = ___   1 + 7 = ___

3 + 5 = ___   5 + 2 = ___   3 + 7 = ___   1 + 6 = ___

1 + 9 = ___   5 + 3 = ___   5 + 5 = ___   1 + 5 = ___

ICH ▶ Überlege: Welcher Trick hilft dir? Kreise passend ein.

○ Trick mit der 5   ○ Trick: Tauschaufgabe

DU ▶ Wie kreist dein Partnerkind ein? Vergleicht.

WIR ▶ Besprecht eure Rechenwege in der Klasse.

2 Schöne Türme! Was entdeckst du? Beschreibe. Setze fort.

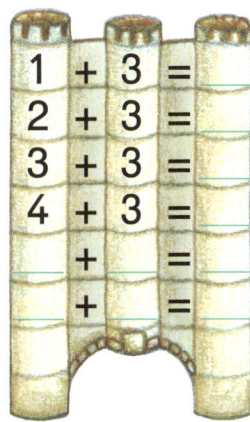

3 Schöne Türme! Setze fort.

3 + 7 = ___   3 + 6 = ___   3 + 5 = ___   3 + 4 = ___

4 + 6 = ___   4 + 5 = ___   4 + 4 = ___   ___ + ___ = ___

5 + ___ = ___   ___ + ___ = ___   ___ + ___ = ___   ___ + ___ = ___

___ + ___ = ___   ___ + ___ = ___   ___ + ___ = ___   ___ + ___ = ___

___ + ___ = ___   ___ + ___ = ___   ___ + ___ = ___   ___ + ___ = ___

4 Bilde Rechentürme. Vergleiche mit deinem Partnerkind.

___ + ___ = 7   ___ + ___ = 9   ___ + ___ = 10

___ + ___ = 7   ___ + ___ = 9   ___ + ___ = 10

___ + ___ = 7   ___ + ___ = 9   ___ + ___ = 10

___ + ___ = 7   ___ + ___ = 9   ___ + ___ = 10

📙 Erfinde eigene Rechentürme.

Mein Mathebuch 1 – Arbeitsheft © 2014 Oldenbourg Schulbuchverlag GmbH, München

①

1	2	3
4	5	6
7	8	9

Über der 5 steht die ___.

Unter der 5 steht die ___.

Links neben der 5 steht die ___.

Rechts neben der 5 steht die ___. ◯

Wie konntest du die Aufgaben lösen? Male passend dazu:

②     ◯

___   ___   ___   ___

③ Setze ein: <, > oder =.

8 ◯ 9   10 ◯ 1   5 ◯ 4   0 ◯ 1   6 ◯ 6 ◯

④ Schreibe jeweils den kleinen und den großen Nachbarn.

___ 4 ___   ___ 8 ___   ___ 2 ___   ___ 9 ___   ___ 5 ___ ◯

⑤ Schreibe die passende Aufgabe: ___ + ___ = ___

 →  →  ◯

⑥

2 + 1 = ___	5 + 4 = ___	1 + 9 = ___	1 + 6 = ___
4 + 2 = ___	5 + 1 = ___	2 + 7 = ___	4 + 5 = ___
3 + 3 = ___	2 + 5 = ___	3 + 6 = ___	8 + 1 = ___
7 + 3 = ___	0 + 5 = ___	2 + 8 = ___	2 + 4 = ___

◯

⑦ Setze das Muster fort.

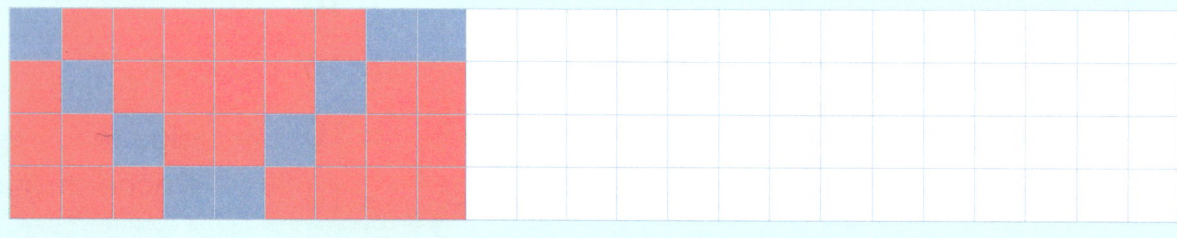

◯

16

Mein Mathebuch 1 – Arbeitsheft © 2014 Oldenbourg Schulbuchverlag GmbH, München

Signalwörter für +

1 Erzähle und rechne zu jedem Bild.

Zuerst so: Anna hat 7 rote und 3 blaue Sticker. **Zusammen** sind es 10.

7 + 3 = 10

Dann so: 10 Sticker hat Anna **insgesamt**. Es sind 7 rote und 3 blaue.

10 = 7 + 3

a)

__ + __ = __

__ = __ + __

b)

__ + __ = __

__ = __ + __

c)

__ + __ = __

__ = __ + __

d)

__ + __ = __

__ = __ + __

e)

__ + __ = __

__ = __ + __

f)

__ + __ = __

__ = __ + __

g)

__ + __ = __

__ = __ + __

h)

__ + __ = __

__ = __ + __

i)

__ + __ = __

__ = __ + __

Erfinde eigene Rechengeschichten.

Mein Mathebuch 1 – Arbeitsheft © 2014 Oldenbourg Schulbuchverlag GmbH, München

Zerlegen

Mein Mathebuch 1 – Arbeitsheft © 2014 Oldenbourg Schulbuchverlag GmbH, München

1 Zahlen zerlegen
- Zeige eine Fingerzahl.
- Dein Partnerkind zerlegt mit dem Stift.

5 zerlege ich in 4 und 1.

2 Zerlege mit dem Stift und sprich dazu: 6 zerlege ich in 1 und 5.

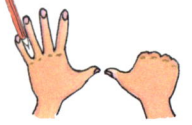  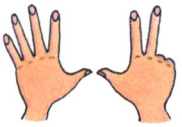 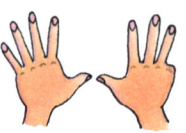 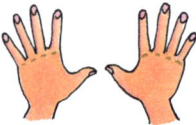

6	
1	5
5	
2	
4	
3	
0	
6	

7	
1	
6	
2	
5	
3	
4	
0	
7	

8	
1	
7	
2	
6	
3	
5	
4	
0	
8	

9	
1	
8	
2	
7	
3	
6	
4	
5	
0	
9	

10	
1	
9	
2	
8	
3	
7	
4	
6	
5	
0	
10	

3

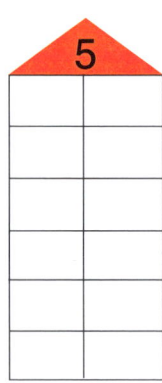 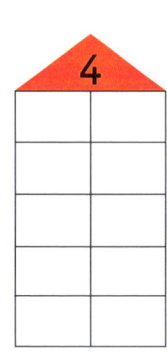 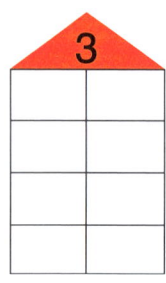 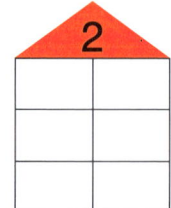 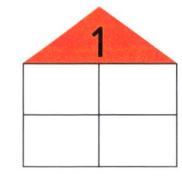

5   4   3   2   1

4

10 = 6 + ___   9 = 7 + ___   8 = 3 + ___   7 = 1 + ___

5 = 1 + ___   4 = 2 + ___   6 = 3 + ___   8 = 2 + ___

7 = 4 + ___   8 = 1 + ___   10 = 3 + ___   5 = 2 + ___

6 = 1 + ___   7 = 0 + ___   9 = 4 + ___   10 = 5 + ___

2, 2, 3, 3, 3, 4, 4, 5, 5, 5, 5, 6, 6, 7, 7, 7

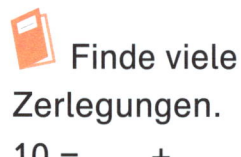 Finde viele Zerlegungen.
10 = ___ + ___

1 Setze ein: $<$ (5), $>$ (6) oder $=$ (4).

Setz' ich ein $=$ Zeichen ein, muss links und rechts gleich viel sein.

3 + 5 ◯ 7	7 ◯ 3 + 4	1 + 8 ◯ 3 + 6
8	—	—
2 + 5 ◯ 8	9 ◯ 3 + 7	2 + 6 ◯ 1 + 5
4 + 5 ◯ 9	9 ◯ 2 + 2	3 + 3 ◯ 4 + 6
2 + 7 ◯ 8	8 ◯ 1 + 9	3 + 5 ◯ 1 + 7
1 + 6 ◯ 9	6 ◯ 2 + 3	5 + 5 ◯ 2 + 4

2 **ICH + DU** Du kennst jetzt schon viele Zahlen, Aufgaben und Muster. Erfinde hier eigene Aufgaben. Dein Partnerkind löst sie.

3 Erfinde Aufgaben für „Unser Mathebuch".

4 Du bist mit deiner Arbeit fertig? Bearbeite doch ein Aufgabenblatt aus „Unser Mathebuch". Sprich mit dem Autorenkind:

Es ist schön, dass …   Ich verstehe nicht …   Kann die Lösung stimmen? …

Mein Mathebuch 1 – Arbeitsheft © 2014 Oldenbourg Schulbuchverlag GmbH, München

Bibus Woche

1 Ordne die Wochentage der Reihe nach.

___ Mittwoch   ___ Sonntag   ___ Freitag   *1.* Montag

___ Samstag   ___ Donnerstag   ___ Dienstag

2

vorgestern	gestern	**heute**	morgen	übermorgen
		Montag	D*i*	
		Dienstag		
		Mittwoch		
		Donnerstag		
		Freitag		
		Samstag		
		Sonntag		

3 Ergänze die Wochentage. Ein Kalender hilft dir.

6. Dezember
_____

7. Dezember
_____

8. Dezember
_____

24. Dezember
_____

23. Dezember
_____

22. Dezember
_____

4 Wie viele Tage noch?

heute	Tage	bis
Montag	___ Tag	Dienstag
Montag	___ Tage	Donnerstag
Montag	___ Tage	Sonntag
Montag	___ Tage	Montag

heute	Tage	bis
Freitag	___ Tage	Sonntag
Freitag	___ Tage	Dienstag
Freitag	___ Tage	Mittwoch
Freitag	___ Tage	Freitag

Mein Mathebuch 1 – Arbeitsheft © 2014 Oldenbourg Schulbuchverlag GmbH, München

Zeitspannen messen

1 Beschreibe den Weg zu den Kindern. Starte immer beim Nikolaus.

Bibu:
3. Straße, *rechts*
2. Haus, *links*

Jakob:
___ Straße, _____
___ Haus, _____

Resul:
___ Straße, _____
___ Haus, _____

Samuel:
___ Straße, _____
___ Haus, _____

Christian:
___ Straße, _____
___ Haus, _____

Sara:
___ Straße, _____
___ Haus, _____

Antonia:
___ Straße, _____
___ Haus, _____

2 **ICH + DU** Beschreibe einen Weg auf dem Bild. Dein Partnerkind nennt das Ziel. Wechselt euch ab.

5. Straße — Antonia — Jakob — 5. Straße — Maria

Obst und Gemüse HUSUR — Ludwig — Buchhandlung BÜCHERWURM

4. Straße — Erkan — 4. Straße — Armin

Hannes — Luisa — Leila — SCHULE

3. Straße — Spielwaren YO-YO — 3. Straße — Bäckerei KNUSPERHAUS — Christian

Samuel — Moritz

2. Straße — Resul — Frisör WETTERFEST — Hauptstraße — 2. Straße — Sara

Metzgerei FRISCH — Sonja

1. Straße — Tim — 1. Straße — Steffi — Fabian

⟵ links   rechts ⟶

3 Immer zwei Teile ergeben die genannte Form. Male passend an.

Quadrat   **Rechteck**   **Dreieck**   **Kreis**

 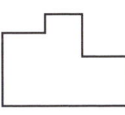 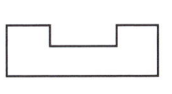 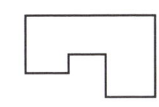  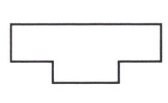 

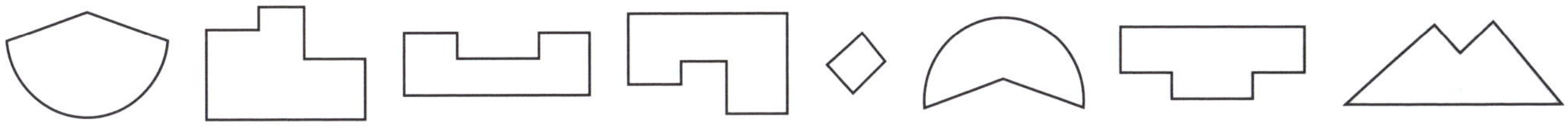

Mein Mathebuch 1 – Arbeitsheft © 2014 Oldenbourg Schulbuchverlag GmbH, München

Tricks für ➕ Aufgaben

1 Rechne in der ➕ Tabelle.

Spalte

+	2	5	7	6	4	3
1	3					
2						
3						

Zeile

In der ➕ Tabelle rechne ich immer Spaltenzahl plus Zeilenzahl.

ICH + DU + WIR ▶ Mit welchen Tricks rechnet ihr die ➕ Aufgaben? Tauscht euch aus.

2 Finde passende ➕ Aufgaben.

Trick: Tauschaufgaben	Trick mit der 5	einfache ➕ Aufgaben

3

+	0	1	2	3	4	5	6	7	8	9	10
0	0										
1											
2											
3											
4											
5											
6											
7											
8											
9											
10											

a) Rechne alle weißen Felder.
Welcher Trick hilft? Färbe wie in Aufgabe 2.

b) ICH + DU + WIR ▶ Welche Aufgaben in den grauen Feldern könnt ihr schon lösen?
Erklärt euch eure Tricks.

Übe die Aufgaben mit den Kärtchen aus dem Arbeitsheft.

Mein Mathebuch 1 – Arbeitsheft © 2014 Oldenbourg Schulbuchverlag GmbH, München

Zerlegen

1 Zerlegungspaare!

4 = 1 + 3

Ich zerlege so:
4 = 3 + 1

2 Schreibe Zerlegungspaare.

___ = ___ + ___   ___ = ___ + ___   ___ = ___ + ___

___ = ___ + ___   ___ = ___ + ___   ___ = ___ + ___

 Zerlegungspaare!

8 = ___ + ___

8 = ___ + ___

3

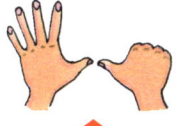 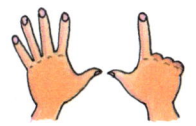 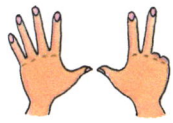 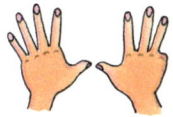 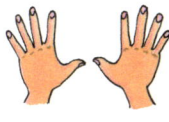

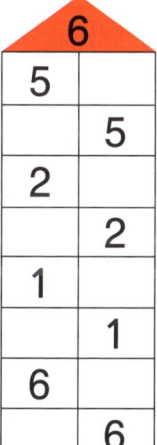

6	
5	
	5
2	
	2
1	
	1
6	
	6

7	
	1
1	
	4
4	
	5
5	
	0
0	

8	
	6
	1
	7
	8
	4
	3
	5
	2

9	
5	
7	
3	
2	
9	
1	
4	
6	

10	
	7
	5
	10
	2
	8
	6
	3
	1

4 Zerlege 10! Es gibt viele Möglichkeiten.

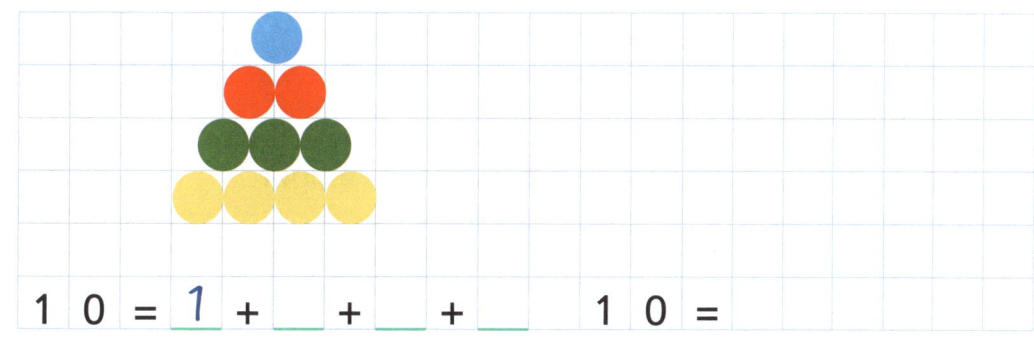

1 0 = 1 + ___ + ___ + ___   1 0 =

Zeichne und zerlege weiter.

Mein Mathebuch 1 – Arbeitsheft © 2014 Oldenbourg Schulbuchverlag GmbH, München

Reise ins Land des Sachrechnens

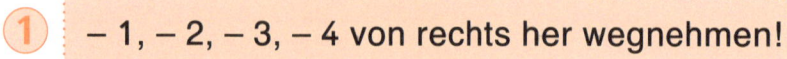

− Aufgaben entdecken

1 − 1, − 2, − 3, − 4 von rechts her wegnehmen!

Am Anfang …   Dann …   Am Ende …   Rechnung:

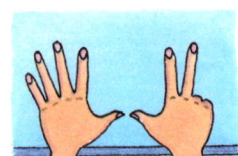 → 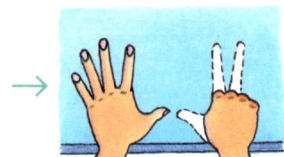 →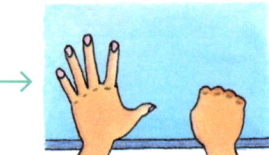

$8 − 3 =$ ___

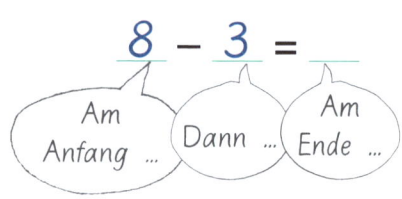

Am Anfang …   Dann …   Am Ende …

2 Erzähle zu jedem Bild: Am Anfang … Dann … Am Ende …

$5 − 2 =$ ___   ___ − ___ = ___   ___ − ___ = ___   ___ − ___ = ___

___ − ___ = ___   ___ − ___ = ___   ___ − ___ = ___

 Male und rechne weiter.

3 Schöne Türme! Setze fort.

$10 − 1 =$ ___ $10 − 2 =$ ___ $10 − 3 =$ ___

$9 − 1 =$ ___ $9 − 2 =$ ___   ___ − ___ = ___

$8 −$ ___ $=$ ___   ___ − ___ = ___   ___ − ___ = ___

___ − ___ = ___   ___ − ___ = ___   ___ − ___ = ___

___ − ___ = ___   ___ − ___ = ___   ___ − ___ = ___

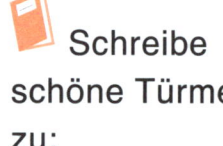 Schreibe schöne Türme zu:

$10 − 4 =$ ___

und $10 − 5 =$ ___

4 Male eine Rechengeschichte zu $8 − 3 =$ ___ .

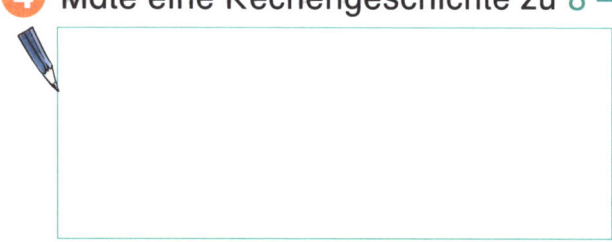

− Es werden weniger.

$8 − 3 = 5$

8 minus 3 ist gleich 5.

5 ist das Ergebnis.

Mein Mathebuch 1 – Arbeitsheft © 2014 Oldenbourg Schulbuchverlag GmbH, München

1 Der Trick mit der 5. Erkläre deinem Partnerkind den Rechentrick.

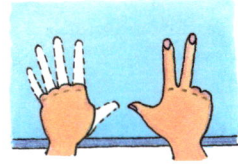 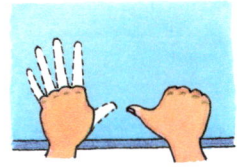 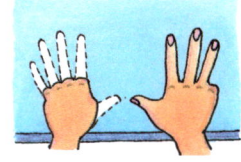

7 − ___ = ___   ___ − ___ = ___   ___ − ___ = ___   ___ − ___ = ___

2 Große Zahlen von links wegnehmen.

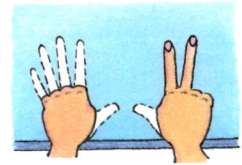 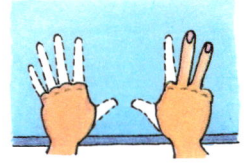 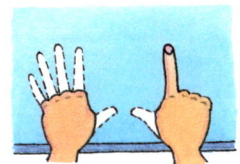 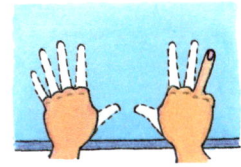

___ − ___ = ___   ___ − ___ = ___   ___ − ___ = ___   ___ − ___ = ___

3 Welche Aufgaben kannst du schon im Kopf? Male dazu: ☺

9 − 5 = ___	9 − 6 = ___	9 − 7 = ___	6 − 5 = ___
10 − 5 = ___	10 − 6 = ___	10 − 7 = ___	6 − 6 = ___
8 − 5 = ___	8 − 6 = ___	8 − 7 = ___	10 − 8 = ___
7 − 5 = ___	7 − 6 = ___	9 − 8 = ___	7 − 7 = ___

0, 0, 1, 1, 1, 1, 2, 2, 2, 2, 3, 3, 3, 4, 4, 5

4 ICH + DU Wie rechnest du? Tausche dich mit deinem Partnerkind aus.

8 − 5 = ___	8 − 6 = ___	7 − 2 = ___	10 − 8 = ___
6 − 1 = ___	8 − 3 = ___	9 − 4 = ___	10 − 4 = ___
7 − 5 = ___	9 − 5 = ___	8 − 7 = ___	10 − 7 = ___
9 − 7 = ___	8 − 4 = ___	6 − 4 = ___	10 − 5 = ___

1, 2, 2, 2, 2, 2, 3, 3, 4, 4, 5, 5, 5, 5, 5, 6

5 Bilde aus den Ergebnispaaren ⊝ Aufgaben.
Was entdeckst du? Erkläre.

5 + 2 = 7	7 + 3 = ___	6 + 1 = ___	📖 Rechne weitere Aufgabenpaare.
5 − 2 = 3	7 − 3 = ___	6 − 1 = ___	
7 − 3 = ___			

Mein Mathebuch 1 – Arbeitsheft © 2014 Oldenbourg Schulbuchverlag GmbH, München

Verwandte − Aufgaben

1 ICH + DU + WIR

a) Findet − Aufgaben
   mit diesen Zahlen:

6   2   4

b) Nur zwei − Aufgaben sind verwandt. Begründe. Kreise ein.

6 − 4 = 2   6 − 1 = 5   6 − 2 = 4   6 − 4 − 2 = 0

2 Rechne immer zwei verwandte − Aufgaben.

5 3 2   7 1 6   6 5 1   8 5 3

_____   _____   _____   _____

_____   _____   _____   _____

4 1 3   5 4 1   9 4 5   6 0 6

_____   _____   _____   _____

_____   _____   _____   _____

3 Finde die 3. Zahl. Bilde verwandte − Aufgaben.

8 2 __   5 2 __   7 3 __

_____   _____   _____

_____   _____   _____

Es gibt verschiedene Möglichkeiten.

4 Erfinde verwandte − Aufgaben.

▢ ▢ ▢   ▢ ▢ ▢   ▢ ▢ ▢   ▢ ▢ ▢

_____   _____   _____   _____

_____   _____   _____   _____

Rechenstrategien nutzen

Mein Mathebuch 1 – Arbeitsheft © 2014 Oldenbourg Schulbuchverlag GmbH, München

ICH + DU + WIR ▸ Schöne Türme! Was entdeckt ihr? Setzt fort.

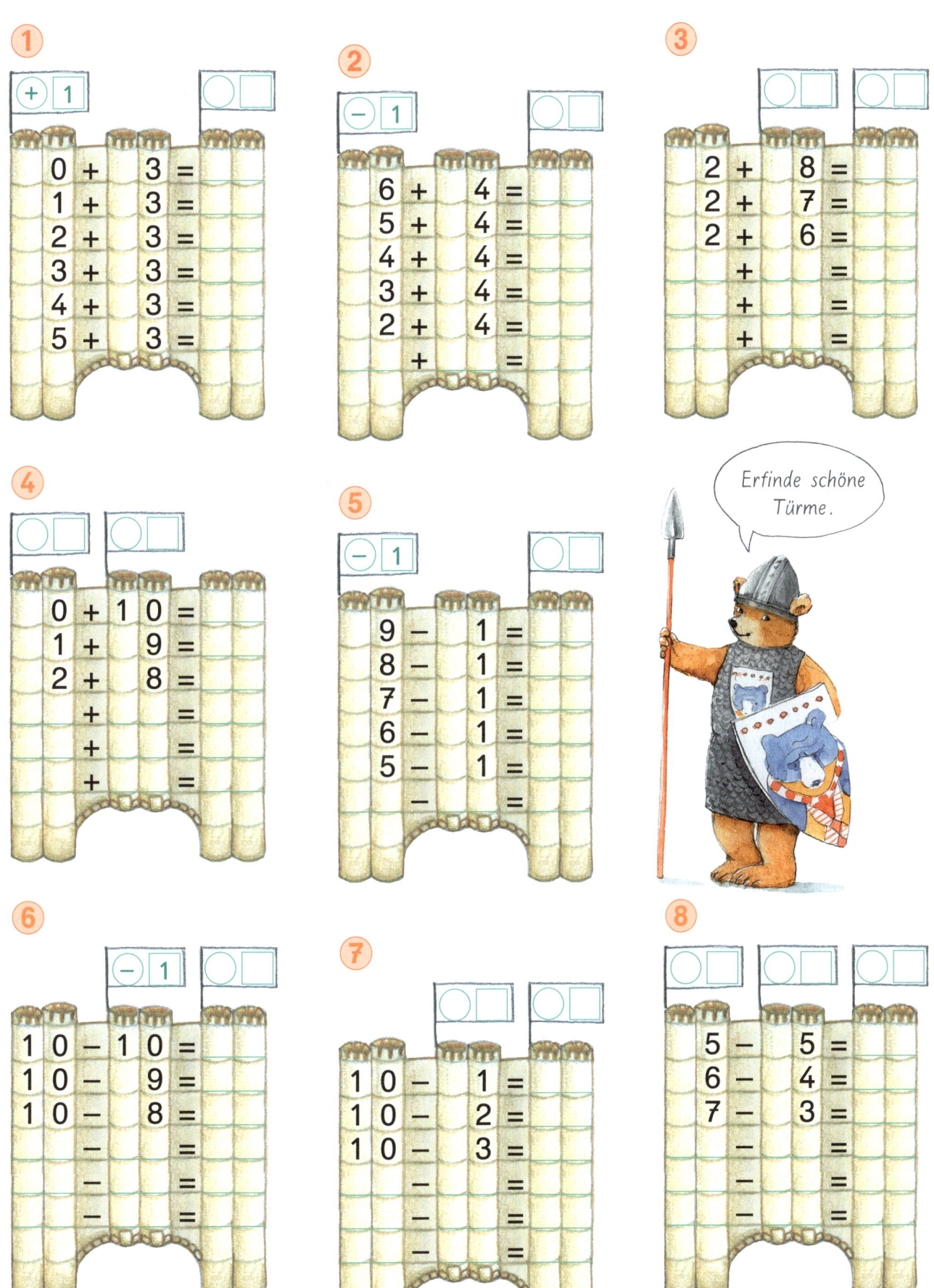

1 +1 ○□

0	+	3	=
1	+	3	=
2	+	3	=
3	+	3	=
4	+	3	=
5	+	3	=

2 −1 ○□

6	+	4	=
5	+	4	=
4	+	4	=
3	+	4	=
2	+	4	=
	+		=

3 ○□ ○□

2	+	8	=
2	+	7	=
2	+	6	=
	+		=
	+		=
	+		=

4 ○□ ○□

0	+	10	=
1	+	9	=
2	+	8	=
	+		=
	+		=
	+		=

5 −1 ○□

9	−	1	=
8	−	1	=
7	−	1	=
6	−	1	=
5	−	1	=
	−		=

Erfinde schöne Türme.

6 −1 ○□

10	−	10	=
10	−	9	=
10	−	8	=
	−		=
	−		=
	−		=

7 ○□ ○□

10	−	1	=
10	−	2	=
10	−	3	=
	−		=
	−		=
	−		=

8 ○□ ○□ ○□

5	−	5	=
6	−	4	=
7	−	3	=
	−		=

Mein Mathebuch 1 – Arbeitsheft © 2014 Oldenbourg Schulbuchverlag GmbH, München

1, 2, 3 – feine Knobelei!

1 ICH + DU + WIR ▸ Unterteilt das Rechteck mit einem geraden Strich. Was entsteht?

_____

Vergleicht eure Ergebnisse.

2 Unterteile die Rechtecke jeweils mit einem Strich so, dass …

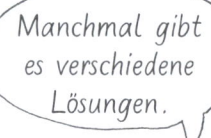
Manchmal gibt es verschiedene Lösungen.

a) … 2 Rechtecke entstehen.

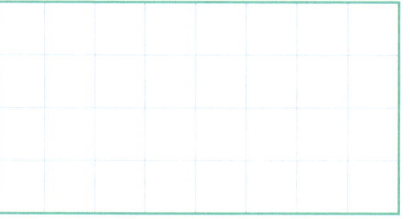

b) … 2 Quadrate entstehen.

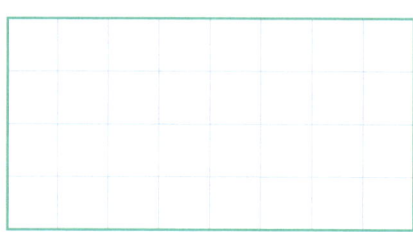

c) … 2 Dreiecke entstehen.

d) … _____ entstehen.

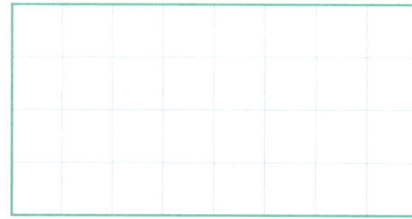

📕 Finde weitere Möglichkeiten.

3 ICH + DU ▸ Färbt immer ein anderes Quadrat. Wie geht ihr vor?

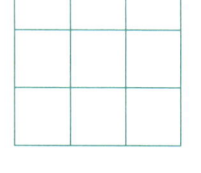 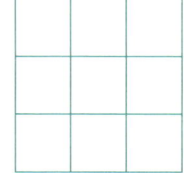 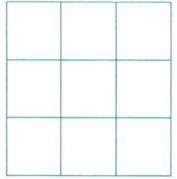 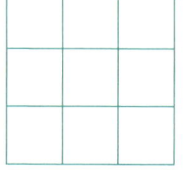 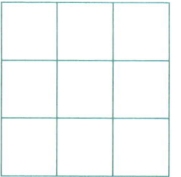 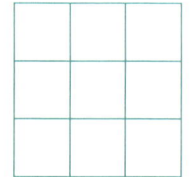

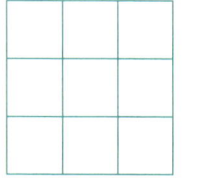   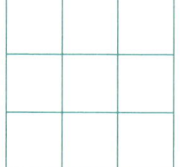 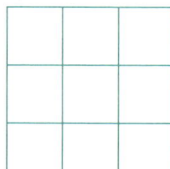 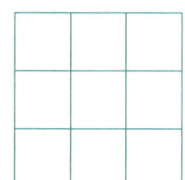

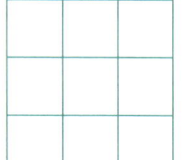 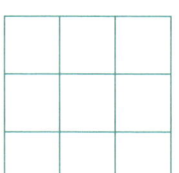 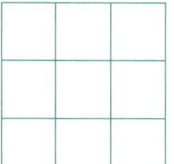 

📕 Zeichne solche Felder. Färbe Rechtecke.

Mein Mathebuch 1 – Arbeitsheft © 2014 Oldenbourg Schulbuchverlag GmbH, München

1 Male an.

| 1 | 2 | 3 | 4 | 5 | 6 | 7 | 8 | 9 | 10 |

2 Setze ein: <, > oder =.

2 + 3 ◯ 6   7 ◯ 10 − 3   2 + 4 ◯ 10 − 3

4 + 5 ◯ 8   2 ◯ 9 − 6   3 + 6 ◯ 9 − 4
2 + 7 ◯ 9   4 ◯ 8 − 5   1 + 5 ◯ 8 − 2

Wie konntest du die
Aufgaben lösen?
Male passend dazu:

☺ ☺ ☹

3 Am Anfang …   Dann …   Am Ende …

___ − ___   = ___

4

5

gestern	**heute**	morgen
	Dienstag	
	Sonntag	
	Montag	

Möglich, unmöglich oder sicher?

Würfeln mit 1 Würfel

1 **ICH** Würfle 18 mal. Erstelle eine Strichliste.

DU Vergleiche mit deinem Partnerkind.

WIR Sammelt eure Ergebnisse an der Tafel.

Was fällt auf? Warum ist das so?

2 Kreuze an.

	sicher	möglich	unmöglich
Ich würfle eine 3.			
Ich würfle eine 7.			
Ich würfle eine 6.			
Ich würfle eine 1.			
Ich würfle keine 5.			
Ich würfle keine 9.			
Ich würfle keine 0.			

3 Verändere die Würfel passend: Es ist ...

a) ... **sicher** eine  zu würfeln.

b) ... **möglich** eine  zu würfeln.

c) ... **unmöglich** eine  zu würfeln.

 Erfinde ähnliche Würfelrätsel.

Zufallsexperimente durchführen; Begriffe *sicher*, *möglich* und *unmöglich* nutzen

Mein Mathebuch 1 – Arbeitsheft © 2014 Oldenbourg Schulbuchverlag GmbH, München

einfache Skizzen

1 a) Am Anfang …   Dann …   Am Ende …

R: _____

b) Male von der Geschichte nur, was für die Rechnung wichtig ist.

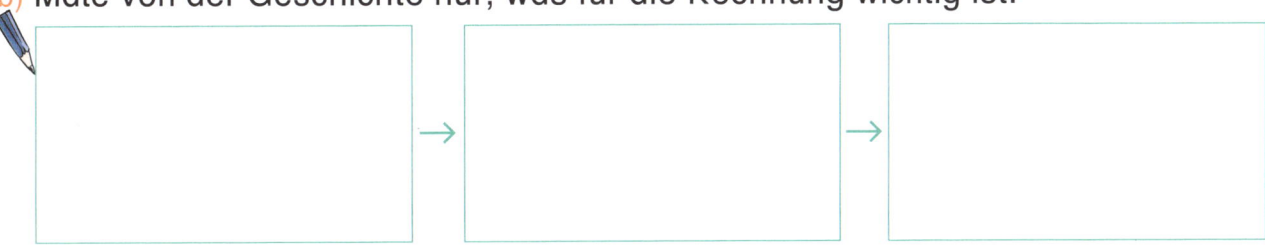

2 Zeichne einfach, zeichne klar, schon stellt sich die Lösung dar.

Zeichne in Hansi Hamsters Schale, wie viel er jeweils hat.

R: _____   R: _____

Bibu hat 4 mehr!

Bibu   Hansi

R: _____

Erfinde Rechengeschichten zu
- „hat 3 mehr"
- „hat 3 weniger".

Zeichne und rechne.

Mein Mathebuch 1 – Arbeitsheft © 2014 Oldenbourg Schulbuchverlag GmbH, München

Platzhalter

1 $2 + \underline{} = 5$

ICH + DU + WIR ▸ a) Wie rechnest du? Wie rechnen andere?

b) Welche Rechnung ist falsch? Begründe. Streiche durch.

$2 + 3 = 5$ $2 + 7 = 5$

2 Am Anfang ...   Dann ...   Am Ende ...   Rechnung:

 →  →  $\underline{2} + \underline{} = \underline{5}$

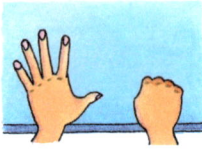 → → 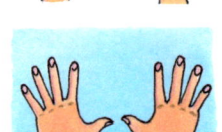 $\underline{} + \underline{} = \underline{}$

3 Rechne. Überprüfe dann so: Am Anfang ... Dann ... Am Ende ...

$4 + \underline{} = 5$	$5 + \underline{} = 9$	$1 + \underline{} = 9$	$3 + \underline{} = 10$	$7 + \underline{} = 9$
$4 + \underline{} = 6$	$2 + \underline{} = 9$	$2 + \underline{} = 8$	$7 + \underline{} = 10$	$6 + \underline{} = 8$
$5 + \underline{} = 8$	$1 + \underline{} = 7$	$3 + \underline{} = 9$	$1 + \underline{} = 10$	$3 + \underline{} = 8$
$1 + \underline{} = 6$	$2 + \underline{} = 7$	$4 + \underline{} = 4$	$4 + \underline{} = 10$	$2 + \underline{} = 9$

4 Am Anfang ...   Dann ...   Am Ende ...   Rechnung:

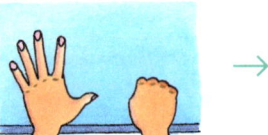 →  → $\underline{5} - \underline{} = \underline{2}$

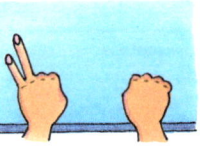 → → 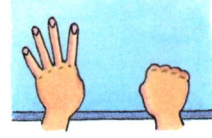 $\underline{} - \underline{} = \underline{}$

5 Rechne. Überprüfe dann so: Am Anfang ... Dann ... Am Ende ...

$5 - \underline{} = 2$	$8 - \underline{} = 3$	$9 - \underline{} = 1$	$7 - \underline{} = 5$	$10 - \underline{} = 4$
$4 - \underline{} = 0$	$5 - \underline{} = 1$	$9 - \underline{} = 2$	$9 - \underline{} = 4$	$10 - \underline{} = 1$
$6 - \underline{} = 5$	$1 - \underline{} = 1$	$4 - \underline{} = 4$	$8 - \underline{} = 8$	$10 - \underline{} = 0$
$7 - \underline{} = 2$	$8 - \underline{} = 4$	$9 - \underline{} = 3$	$6 - \underline{} = 6$	$10 - \underline{} = 3$

Mein Mathebuch 1 – Arbeitsheft © 2014 Oldenbourg Schulbuchverlag GmbH, München

<, > oder =

Schreibe Aufgaben mit <, >, = für „Unser Mathebuch"

1 Setz' ich ein = Zeichen ein, muss links und rechts gleich viel sein.

Setze ein: < (4), > (4) oder = (4).

$3 + 6 \bigcirc 8$ $1 + 7 \bigcirc 9$ $5 \bigcirc 10 - 5$ $3 \bigcirc 8 - 7$
$\quad 9$

$9 - 3 \bigcirc 6$ $2 + 4 \bigcirc 6$ $3 \bigcirc 8 - 4$ $7 \bigcirc 2 + 5$
$0 + 9 \bigcirc 7$ $6 - 5 \bigcirc 2$ $9 \bigcirc 3 + 5$ $2 \bigcirc 9 - 6$

2 Setze ein: < (5), > (3) oder = (4).

$2 + 4 \bigcirc 1 + 5$ $9 - 2 \bigcirc 10 - 4$ $2 + 3 \bigcirc 9 - 4$ $9 - 1 \bigcirc 1 + 7$
$\quad 6$

$1 + 8 \bigcirc 2 + 4$ $7 - 2 \bigcirc 10 - 4$ $6 + 4 \bigcirc 10 - 9$ $8 - 7 \bigcirc 1 + 2$
$5 + 4 \bigcirc 4 + 6$ $9 - 8 \bigcirc 7 - 6$ $1 + 3 \bigcirc 8 - 3$ $10 - 6 \bigcirc 3 + 4$

3 Setze ein: < (7), > (8) oder = (5). Warum musst du hier nicht rechnen?

$3 + 6 \bigcirc 6$ $8 \bigcirc 8 + 1$ $3 + 1 \bigcirc 1 + 3$ $4 + 6 \bigcirc 3 + 6$
$6 + 3 \bigcirc 6$ $8 \bigcirc 1 + 8$ $4 + 5 \bigcirc 5 + 4$ $1 + 8 \bigcirc 1 + 7$
$10 - 4 \bigcirc 10$ $5 \bigcirc 5 - 2$ $9 - 2 \bigcirc 9 - 1$ $7 - 0 \bigcirc 6 - 0$
$10 - 1 \bigcirc 10$ $5 \bigcirc 5 - 1$ $8 - 4 \bigcirc 8 - 5$ $8 - 1 \bigcirc 9 - 1$
$0 + 7 \bigcirc 7$ $6 \bigcirc 6 - 0$ $7 - 4 \bigcirc 7 - 4$ $1 + 4 \bigcirc 2 + 4$

4 Rechne. Überprüfe dann, ob links und rechts wirklich gleich viel ist.

$5 + \boxed{} = 8$ $9 - \boxed{} = 6$ $1 + \boxed{} = 8 - 2$ $6 - \boxed{} = 0 + 1$
$\quad 8$

$3 + 4 = \_\_$ $6 - 5 = \_\_$ $2 + \_\_ = 9 - 4$ $8 - \_\_ = 4 + 3$
$2 + \_\_ = 6$ $5 - \_\_ = 1$ $5 + \_\_ = 9 - 3$ $5 - \_\_ = 4 + 0$
$3 + 7 = \_\_$ $8 - 4 = \_\_$ $3 + \_\_ = 8 - 2$ $9 - \_\_ = 2 + 1$
$5 + \_\_ = 9$ $9 - \_\_ = 2$ $2 + \_\_ = 7 - 3$ $7 - \_\_ = 1 + 5$

5 Finde passende Zahlen.

$\_\_ + \_\_ < \_\_$ $\_\_ + \_\_ > \_\_$ $\_\_ + \_\_ = \_\_$ $\_\_ + \_\_ < \_\_ - \_\_$
$\_\_ + \_\_ < \_\_$ $\_\_ + \_\_ > \_\_$ $\_\_ + \_\_ = \_\_$ $\_\_ + \_\_ > \_\_ - \_\_$
$\_\_ + \_\_ < \_\_$ $\_\_ + \_\_ > \_\_$ $\_\_ + \_\_ = \_\_$ $\_\_ + \_\_ = \_\_ - \_\_$

Mein Mathebuch 1 – Arbeitsheft © 2014 Oldenbourg Schulbuchverlag GmbH, München

Trick: Umkehraufgaben

1 ICH + DU + WIR ▸ Wie hängen Aufgabe und Umkehraufgbe zusammen? Erklärt.

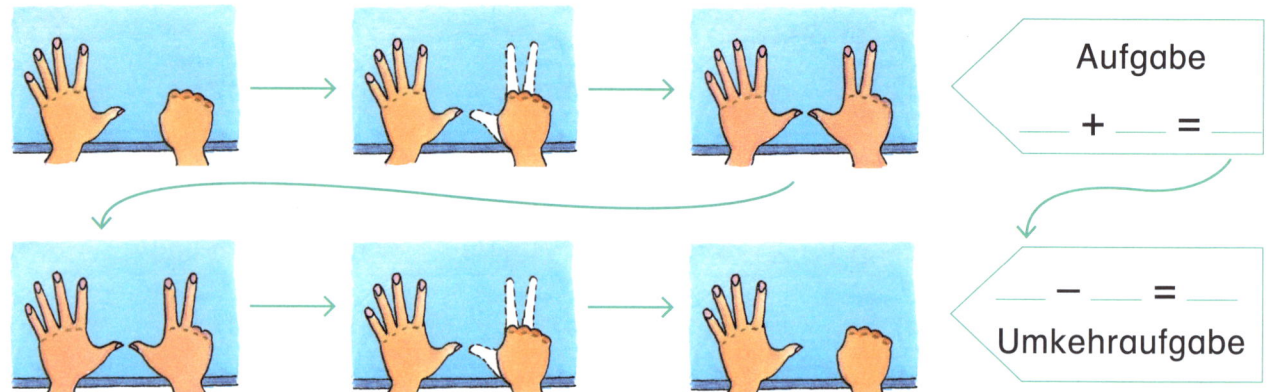

Aufgabe

___ + ___ = ___

___ − ___ = ___

Umkehraufgabe

2 Die Umkehraufgabe: Wir kehren um. Aus ⊕ wird ⊖.

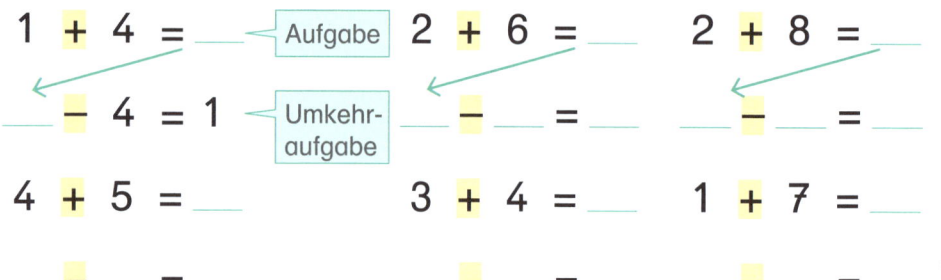

1 + 4 = ___ ◁ Aufgabe
___ − 4 = 1 ◁ Umkehr-aufgabe

4 + 5 = ___
___ − ___ = ___

2 + 6 = ___
___ − ___ = ___

3 + 4 = ___
___ − ___ = ___

2 + 8 = ___
___ − ___ = ___

1 + 7 = ___
___ − ___ = ___

📕 Rechne weitere Aufgaben und Umkehraufgaben.

3 Aus 10 − 2 = 8 wird 8 + 2 = 10. Wie hängen die Aufgaben zusammen? Besprich dich mit deinem Partnerkind.

4 Die Umkehraufgabe: Wie kehren um. Aus ⊖ wird ⊕.

9 − 3 = ___ ◁ Aufgabe
___ + 3 = 9 ◁ Umkehr-aufgabe

6 − 5 = ___
___ + ___ = ___

8 − 5 = ___
___ + ___ = ___

10 − 7 = ___
___ + ___ = ___

9 − 7 = ___
___ + ___ = ___

7 − 6 = ___
___ + ___ = ___

📕 Rechne weitere Aufgaben und Umkehraufgaben.

5 Ist der Platz ganz vorne leer, rechne ich von hinten her.

___ + 6 = 10
10 − 6 = ___

___ − 5 = 4
4 + 5 = ___

___ + 7 = 9
___ − ___ = ___

___ − 4 = 3
___ + ___ = ___

Rechenstrategien nutzen

Mein Mathebuch 1 – Arbeitsheft © 2014 Oldenbourg Schulbuchverlag GmbH, München

1

　　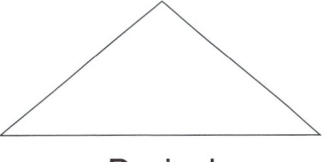　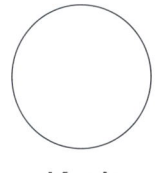

Quadrat　　　　Rechteck　　　　　Dreieck　　　　　Kreis

2 Markiere bei den Flächenformen in Aufgabe 1 die Ecken, Seiten und Flächen.
Ergänze passend.

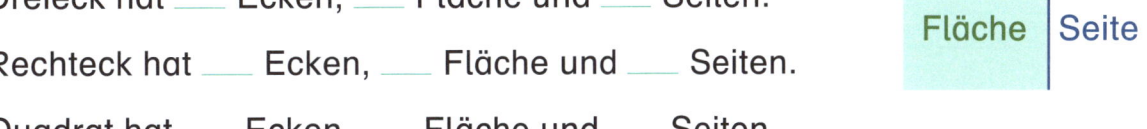

Das Dreieck hat ___ Ecken, ___ Fläche und ___ Seiten.

Das Rechteck hat ___ Ecken, ___ Fläche und ___ Seiten.

Das Quadrat hat ___ Ecken, ___ Fläche und ___ Seiten.

3 Welche Flächenformen können das sein? Schreibe.

keine Ecken: _____　　　3 Seiten: _____

4 Ecken: _____　　oder　_____

4 Zeichne die fehlenden Quadrate ein. Bestimme den gesamten Flächeninhalt.

A 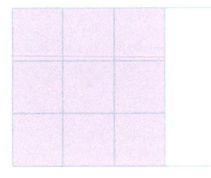　　　B 　　　C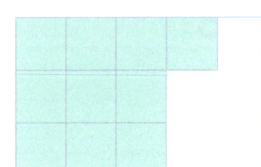

___ Quadrate　　　　___ Quadrate　　　　___ Quadrate

5 Der Fliesenleger will Rechtecke legen. Ergänze die fehlenden Quadrate.

A 　　B 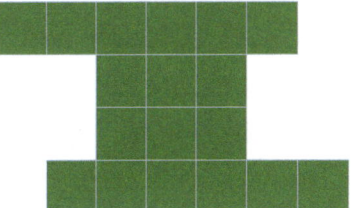　　C

Mein Mathebuch 1 – Arbeitsheft © 2014 Oldenbourg Schulbuchverlag GmbH, München

➕ Tafel / ➖ Tafel

①

+	2	5	3	0	4	1
1	3					
2						
3						
4						
5						

−	5	3	6	1	2	4
10	5					
9						
8						
7						
6						

② Finde passende ➖ Aufgaben.

Vom Zehner weg	Trick mit der 5	einfache ➖ Aufgaben
_____	_____	_____
_____	_____	_____
_____	_____	_____
_____	_____	_____

③

−	0	1	2	3	4	5	6	7	8	9	10
10	10										
9											
8											
7											
6											
5											
4											
3											
2											
1											
0											

a) Rechne alle weißen Felder.
Welcher Trick hilft? Färbe wie in Aufgabe 2.

b) **ICH + DU + WIR** ▸ Rechnet ▇ .
Erklärt euch eure Tricks.

Übe die Aufgaben mit den Kärtchen aus dem Arbeitsheft.

④ **ICH + DU** ▸ ➖ Aufgaben sagen, Ergebnis nennen!

Mein Mathebuch 1 – Arbeitsheft © 2014 Oldenbourg Schulbuchverlag GmbH, München

1 Möglich, unmöglich oder sicher?

Ich werfe eine Münze und die Zahl liegt oben.

_____

Ich würfle mit einem Würfel eine 7. _____

Ich ziehe aus einem Beutel mit grünen Kugeln eine grüne Kugel. _____ ◯

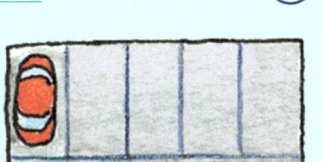

Wie konntest du die Aufgaben lösen? Male passend dazu:

2 Schreibe zu den Bildern die passende Aufgabe: ___ − ___ = ___ ◯

 →  ? →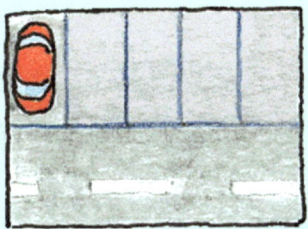

3 Luisa hat schon 7 Aufgaben gerechnet, Armin 2 weniger.

F: Wie viele Aufgaben hat Armin gerechnet?

R:

A: ___ Aufgaben hat Armin gerechnet. ◯

4
2 + ___ = 6   2 + ___ = 10   9 − ___ = 5   10 − ___ = 4

1 + ___ = 8   1 + ___ = 6   8 − ___ = 2   7 − ___ = 4   ◯

5 Rechne jeweils Aufgabe und Umkehraufgabe.

4 + 5 = ___   2 + 7 = ___   4 − 3 = ___   8 − 2 = ___

___ − ___ = ___   ___ − ___ = ___   ___ + ___ = ___   ___ + ___ = ___   ◯

6 Verbinde. Welche beiden Teile ergeben zusammen ...

a) ... ein Quadrat?   b) ... ein Rechteck?   c) ... einen Kreis?

A   B   C   D   E   F

◯

Mein Mathebuch 1 – Arbeitsheft © 2014 Oldenbourg Schulbuchverlag GmbH, München

1 Schreibe Zehner (Z) und Einer (E).

Z	E

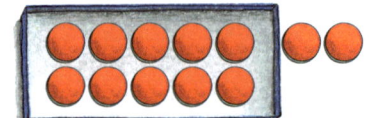 

Z	E

2 Zeichne.

Z	E
1	3

Z	E
1	4

3 Schließe volle Zehnerschachteln.

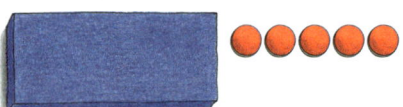 

Z	E

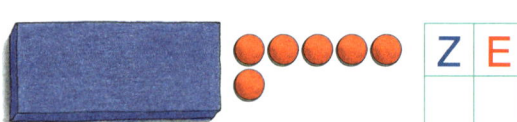 

Z	E

Z	E

4 Zeichne.

Z	E
1	8

Z	E
1	9

Z	E
2	0

5 Erst schätzen, dann zählen. Kreise immer 10 ein.

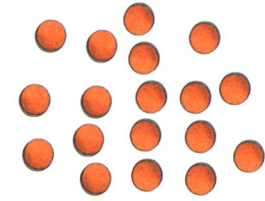 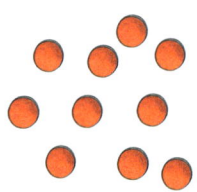 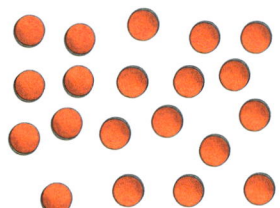 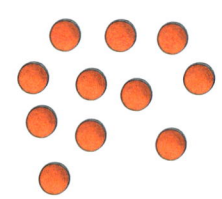

Z	E

geschätzt:
gezählt:

Z	E

geschätzt:
gezählt:

Z	E

geschätzt:
gezählt:

Z	E

geschätzt:
gezählt:

6 Zerlege.

$11 = 10 + \underline{}$ $17 = 10 + \underline{}$ $12 = \underline{} + \underline{}$ $14 = \underline{} + \underline{}$

$13 = 10 + \underline{}$ $15 = 10 + \underline{}$ $19 = \underline{} + \underline{}$ $16 = \underline{} + \underline{}$

Struktur des Zehnersystems systematisch nutzen; Zahlen zerlegen und Zusammenhänge erläutern

Mein Mathebuch 1 – Arbeitsheft © 2014 Oldenbourg Schulbuchverlag GmbH, München

1 fünf**zehn**   neun**zehn**   vier**zehn**   acht**zehn**

1☐

sieb**zehn**   drei**zehn**   sech**zehn**

> Hörst du am Ende zehn, muss die 1 am Anfang stehn.

2 Schreibe jeweils Zahl und Zahlwort.

| ~~null~~ | zehn | elf | zwölf | dreizehn | vierzehn | fünfzehn |
| sechzehn | siebzehn | achtzehn | neunzehn | zwanzig |

0   null

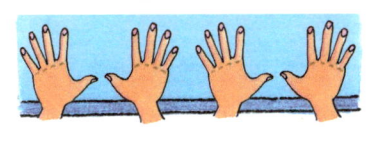

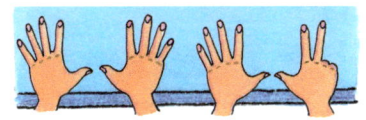

3 Setze ein: < (6), > (6) oder = (3).

14 ◯ 15   11 ◯ 10   2 ◯ 20
17 ◯ 16   13 ◯ 14   12 ◯ 2
12 ◯ 20   20 ◯ 20   3 ◯ 13
18 ◯ 18   19 ◯ 18   5 ◯ 15
13 ◯ 12   17 ◯ 17   10 ◯ 1

4 Finde Zahlenpaare.

| um 2 kleiner | um 3 größer |

__ < __   __ > __

__ < __   __ > __

__ < __   __ > __

Mein Mathebuch 1 – Arbeitsheft © 2014 Oldenbourg Schulbuchverlag GmbH, München

1

kleiner Nachbar	Zahl	großer Nachbar
	3	
	13	
	6	
	16	
	9	
	19	

kleiner Nachbar	Zahl	großer Nachbar
	1	
	11	
	4	
	14	
		8
		18

Überprüfe so: Zähle jeweils vom kleinen Nachbarn aus vorwärts.

2

$$1\ 2\ +\ 3\ =\ \_\_\_$$

$$1\ 6\ -\ 4\ =\ \_\_\_$$

ICH + DU + WIR

Wie rechnest du?

Wie rechnen andere?

Erklärt euch eure Tricks.

3 Trick: Die kleine Aufgabe hilft.

$$\_\_\_ + \_\_ = \_\_\_$$

$$\_\_\_ - \_\_ = \_\_\_$$

$$2 + 3 = \_\_$$

$$6 - 4 = \_\_$$

 Male und rechne die große und die kleine Aufgabe.

$15 + 4 = \_\_$ $\quad \_\_ + \_\_ = \_\_$ $\qquad 14 - 1 = \_\_$ $\quad \_\_ - \_\_ = \_\_$

4 Schreibe immer auch die kleine Aufgabe.

$11 + 8 = \_\_\_$ $\qquad 18 + 2 = \_\_\_$ $\qquad 19 - 8 = \_\_\_$ $\qquad 16 - 5 = \_\_\_$

$1 + 8 = \_\_\_$ $\qquad \_\_ + \_\_ = \_\_\_$ $\qquad 9 - 8 = \_\_\_$ $\qquad \_\_ - \_\_ = \_\_\_$

$13 + 4 = \_\_\_$ $\qquad 10 + 6 = \_\_\_$ $\qquad 15 - 5 = \_\_\_$ $\qquad 18 - 6 = \_\_\_$

$\_\_ + \_\_ = \_\_\_$ $\qquad \_\_ + \_\_ = \_\_\_$ $\qquad \_\_ - \_\_ = \_\_\_$ $\qquad \_\_ - \_\_ = \_\_\_$

$14 + 2 = \_\_\_$ $\qquad 12 + 7 = \_\_\_$ $\qquad 17 - 4 = \_\_\_$ $\qquad 19 - 7 = \_\_\_$

$\_\_ + \_\_ = \_\_\_$ $\qquad \_\_ + \_\_ = \_\_\_$ $\qquad \_\_ - \_\_ = \_\_\_$ $\qquad \_\_ - \_\_ = \_\_\_$

Beziehungen zwischen Zahlen begründen; Rechenstrategien nutzen

Mein Mathebuch 1 – Arbeitsheft © 2014 Oldenbourg Schulbuchverlag GmbH, München

Rechenbefehle

1 Am Anfang … Dann … Am Ende … Rechnung:

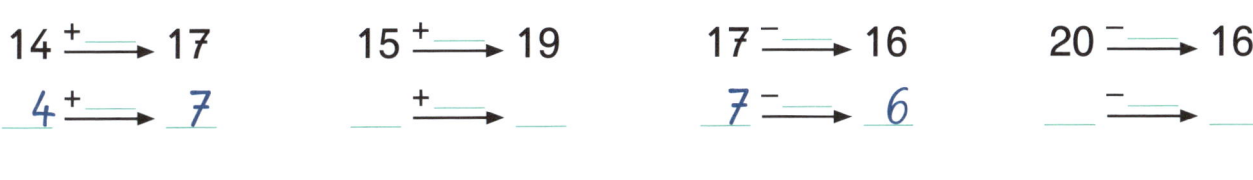

$$+ \longrightarrow \underline{\quad\quad}$$

$$- \longrightarrow \underline{\quad\quad}$$

2 Trick: Die kleine Aufgabe hilft.

$14 \overset{+}{\longrightarrow} 17$ $15 \overset{+}{\longrightarrow} 19$ $17 \overset{-}{\longrightarrow} 16$ $20 \overset{-}{\longrightarrow} 16$

$4 \overset{+}{\longrightarrow} 7$ $\_\_ \overset{+}{\longrightarrow} \_\_$ $7 \overset{-}{\longrightarrow} 6$ $\_\_ \overset{-}{\longrightarrow} \_\_$

$13 \overset{+}{\longrightarrow} 15$ $18 \overset{+}{\longrightarrow} 20$ $15 \overset{-}{\longrightarrow} 12$ $19 \overset{-}{\longrightarrow} 13$

$\_\_ \overset{+}{\longrightarrow} \_\_$ $\_\_ \overset{+}{\longrightarrow} \_\_$ $\_\_ \overset{-}{\longrightarrow} \_\_$ $\_\_ \overset{-}{\longrightarrow} \_\_$

$12 \overset{+}{\longrightarrow} 18$ $16 \overset{+}{\longrightarrow} 17$ $18 \overset{-}{\longrightarrow} 13$ $14 \overset{-}{\longrightarrow} 11$

$\_\_ \overset{+}{\longrightarrow} \_\_$ $\_\_ \overset{+}{\longrightarrow} \_\_$ $\_\_ \overset{-}{\longrightarrow} \_\_$ $\_\_ \overset{-}{\longrightarrow} \_\_$

$11 \overset{+}{\longrightarrow} 16$ $12 \overset{+}{\longrightarrow} 19$ $16 \overset{-}{\longrightarrow} 14$ $17 \overset{-}{\longrightarrow} 13$

$\_\_ \overset{+}{\longrightarrow} \_\_$ $\_\_ \overset{+}{\longrightarrow} \_\_$ $\_\_ \overset{-}{\longrightarrow} \_\_$ $\_\_ \overset{-}{\longrightarrow} \_\_$

$17 \overset{+}{\longrightarrow} 19$ $14 \overset{+}{\longrightarrow} 18$ $13 \overset{-}{\longrightarrow} 11$ $18 \overset{-}{\longrightarrow} 12$

$\_\_ \overset{+}{\longrightarrow} \_\_$ $\_\_ \overset{+}{\longrightarrow} \_\_$ $\_\_ \overset{-}{\longrightarrow} \_\_$ $\_\_ \overset{-}{\longrightarrow} \_\_$

 Rechne ähnliche Aufgaben mit ⊕ und ⊖ .

3 Schöne Türme! Was entdeckst du? Setze fort.

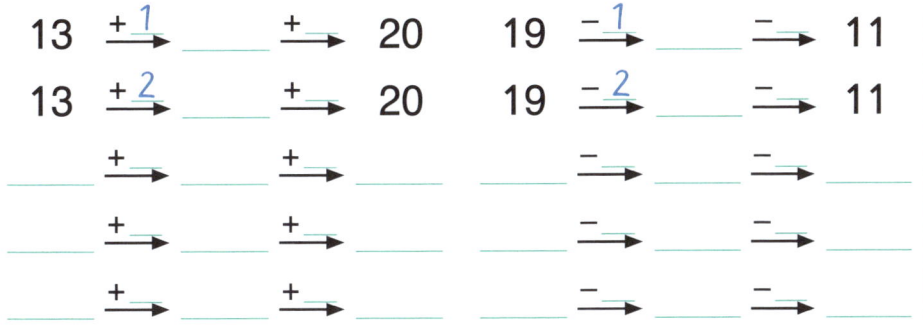

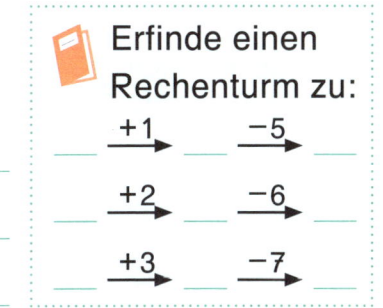
Erfinde einen Rechenturm zu:

$\overset{+1}{\longrightarrow} \quad \overset{-5}{\longrightarrow}$

$\overset{+2}{\longrightarrow} \quad \overset{-6}{\longrightarrow}$

$\overset{+3}{\longrightarrow} \quad \overset{-7}{\longrightarrow}$

Trick: Umkehraufgaben

1 Male die Zahlen am Zahlenstrahl in der passenden Farbe an.

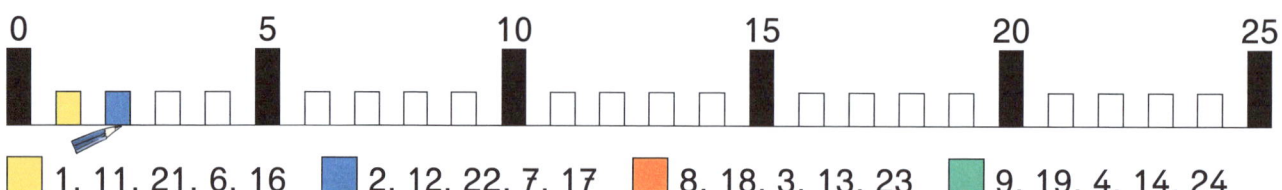

0   5   10   15   20   25

🟨 1, 11, 21, 6, 16   🟦 2, 12, 22, 7, 17   🟧 8, 18, 3, 13, 23   🟩 9, 19, 4, 14, 24

2

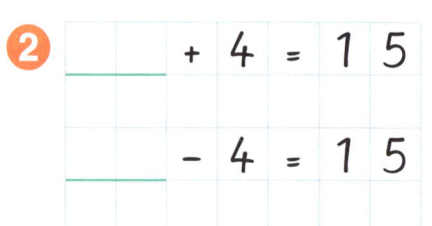

____ + 4 = 15

____ − 4 = 15

ICH + DU + WIR Wie rechnest du?

Wie rechnen andere?

Überprüft so: Am Anfang … Dann … Am Ende …

3 Ist der Platz ganz vorne leer, rechne ich von hinten her: Die Umkehraufgabe!

Zeige am Zahlenstrahl.

____ + 3 = 5   ____ + 2 = 8   ____ + 3 = 14

5 − 3 = ____   − 2 = ____   ____ − 3 = ____

____ + 8 = 20   ____ + 6 = 19   ____ + 1 = 17

____ − ____ = ____   ____ − ____ = ____   ____ − ____ = ____

Wir kehren um. Aus ⊕ wird ⊖.

____ + 5 = 16   ____ + 4 = 18   ____ + 2 = 15

____ − ____ = ____   ____ − ____ = ____   ____ − ____ = ____

____ − 3 = 1   ____ − 2 = 5   ____ − 3 = 17

1 + 3 = ____   + 2 = ____   ____ + 3 = ____

____ − 7 = 11   ____ − 6 = 14   ____ − 4 = 13

____ + ____ = ____   ____ + ____ = ____   ____ + ____ = ____

Wir kehren um. Aus ⊖ wird ⊕.

____ − 8 = 10   ____ − 5 = 12   ____ − 1 = 18

____ + ____ = ____   ____ + ____ = ____   ____ + ____ = ____

📕 Rechne ähnliche Aufgaben.

Mein Mathebuch 1 – Arbeitsheft © 2014 Oldenbourg Schulbuchverlag GmbH, München

Gleichungen

1 `ICH + DU + WIR` ▸ Setzt passende Zahlen ein. Wie überprüft ihr Lösungen?

___ + ___ > ___   ___ − ___ < ___   ___ − ___ = ___   ___ = ___ + ___

2 Setz' ich ein ⊜ Zeichen ein, muss links und rechts **gleich viel** sein.
Aufgaben mit ⊜ Zeichen nennen wir **Gleich**ungen.

Setze ein: ⊘ (10), ⊙ (9) oder ⊜ (9).

(11 + 4) ◯ 13	(17 − 2) ◯ 14	19 ◯ (14 + 5)	12 ◯ (19 − 8)
15			
12 + 7 ◯ 20	19 − 5 ◯ 14	12 ◯ 10 + 5	13 ◯ 18 − 4
14 + 6 ◯ 20	20 − 7 ◯ 15	15 ◯ 12 + 2	16 ◯ 20 − 4
16 + 3 ◯ 19	19 − 5 ◯ 12	20 ◯ 13 + 7	11 ◯ 19 − 7
13 + 4 ◯ 18	16 − 3 ◯ 11	14 ◯ 11 + 5	19 ◯ 20 − 1
15 + 1 ◯ 16	18 − 6 ◯ 11	17 ◯ 14 + 2	15 ◯ 17 − 5
17 + 2 ◯ 19	15 − 4 ◯ 13	16 ◯ 13 + 4	14 ◯ 18 − 3

3

(12 + ___) = 17	15 = (14 + ___)	(16 − ___) = 13	10 = (19 − ___)
17			
13 + ___ = 20	19 = 11 + ___	20 − ___ = 15	13 = 20 − ___
15 + ___ = 19	16 = 12 + ___	14 − ___ = 10	16 = 17 − ___
19 + ___ = 20	17 = 15 + ___	17 − ___ = 11	17 = 19 − ___
14 + ___ = 17	13 = 10 + ___	19 − ___ = 14	12 = 18 − ___
11 + ___ = 16	18 = 13 + ___	13 − ___ = 11	11 = 15 − ___

4 a) Schreibe den jeweils passenden Namen.

Sara ist größer als Resul.
Armin ist größer als Sara.
Renata ist kleiner als Resul.

Schreibe ähnliche Aufgaben für „Unser Mathebuch".

b) Ben ist so groß wie Sara. Male ein Strichmännchen zum passenden Kind.

Mein Mathebuch 1 – Arbeitsheft © 2014 Oldenbourg Schulbuchverlag GmbH, München

1 Entdecke die Fehler. Schreibe alles richtig auf.

$7 - 3 = 10$ $7 + 3 = 10$ $13 + 5 = 8$ ◯

_____   _____   _____

Wie konntest du die Aufgaben lösen? Male passend dazu:
☺ ☺ ☹

2 Kreise ein, was zur Zahl 13 passt.

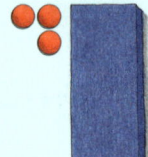  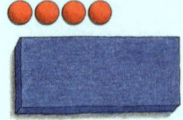    ◯

3 Kreise ein, was zur Zahl 14 passt.

4 E 1 Z   1 E 4 Z   4 E   1 Z 0 E   0 Z 4 E   ◯

4

	Z	E
elf		
zwölf		
zwanzig		

	Z	E
neunzehn		
fünfzehn		
siebzehn		

5 Setze ein: <, > oder =.

17 ◯ 16   14 ◯ 14
12 ◯ 12   20 ◯ 19
15 ◯ 19   8 ◯ 18
14 ◯ 20   10 ◯ 11   ◯

6 Schreibe jeweils den kleinen und großen Nachbarn dazu.

____ 9 ____   ____ 19 ____   ____ 10 ____   ____ 15 ____   ◯

7 Ordne von groß nach klein.

12, 2, 20, 11, 14, 4   8, 3, 17, 10, 16, 5, 12

_____   _____   ◯

8
$12 + 4 =$ ____ $11 + 9 =$ ____ $10 + 8 =$ ____ $13 + 5 =$ ____

$17 - 5 =$ ____ $20 - 6 =$ ____ $17 - 7 =$ ____ $19 - 5 =$ ____   ◯

9
$12 +$ ____ $= 14$ ____ $+ 4 = 15$ $14 +$ ____ $= 17$ $12 +$ ____ $= 20$

$15 +$ ____ $= 20$ ____ $+ 7 = 19$ ____ $+ 7 = 19$ ____ $+ 4 = 17$

$18 -$ ____ $= 11$ ____ $- 5 = 12$ $18 -$ ____ $= 16$ $20 -$ ____ $= 11$

$17 -$ ____ $= 14$ ____ $- 8 = 10$ ____ $- 3 = 16$ ____ $- 8 = 11$ ◯

Mein Mathebuch 1 – Arbeitsheft © 2014 Oldenbourg Schulbuchverlag GmbH, München

Aufgabensonne

1 Aufgabensonne! Ordne den Tricks die passenden Aufgaben zu und rechne.

Rechengeschichte

Umkehraufgabe

4 + 15 =

kleine Aufgabe

Tauschaufgabe

Bild

$15 + 4 = \rule{1.5cm}{0.4pt}$

$4 + 5 = \rule{1cm}{0.4pt}$

$\rule{1.5cm}{0.4pt} - 15 = 4$

Am Anfang _____

Dann _____

Am Ende _____

2 **ICH + DU** Gestaltet eine eigene Aufgabensonne zu eurer Lieblingsaufgabe.

WIR Stellt eure Aufgabensonne in der Klasse vor. Sprecht darüber.

3 + 4 =

14 + 3 =

3 + 14 =

Mein Mathebuch 1 – Arbeitsheft © 2014 Oldenbourg Schulbuchverlag GmbH, München

①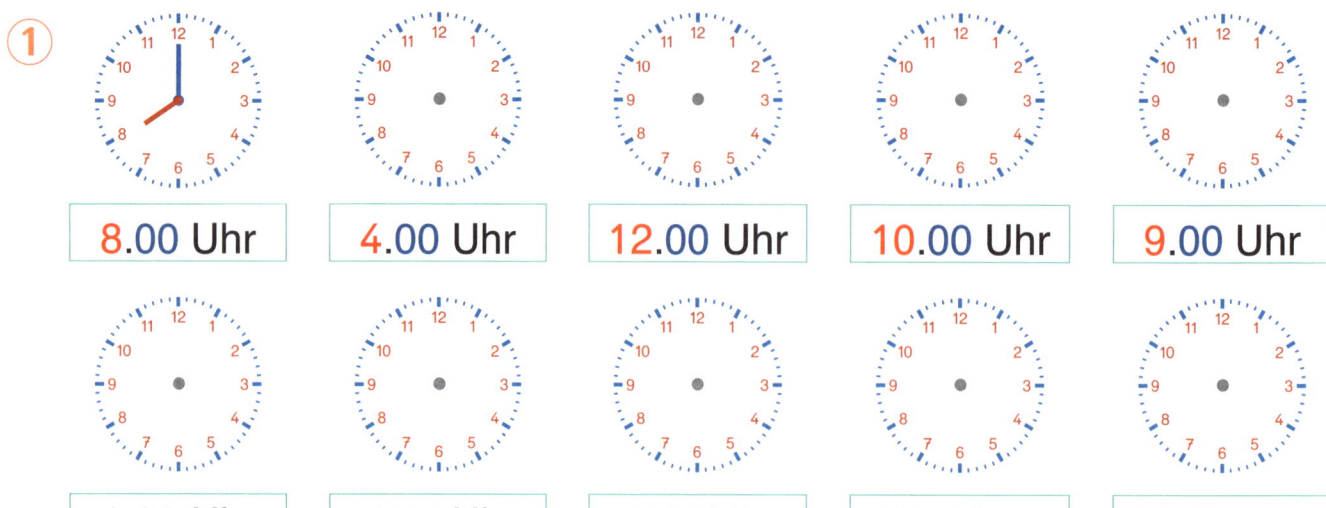

| 8.00 Uhr | 4.00 Uhr | 12.00 Uhr | 10.00 Uhr | 9.00 Uhr |

| 1.00 Uhr | 5.00 Uhr | 7.00 Uhr | 2.00 Uhr | 6.00 Uhr |

②

Ein Tag hat 24 Stunden.
1. Tageshälfte: 0 Uhr bis 12 Uhr: 12 Stunden
2. Tageshälfte: 12 Uhr bis 24 Uhr: 12 Stunden

Berechne die Uhrzeit der 2. Tageshälfte.

| 1. Tages-hälfte | 1 Uhr | 5 Uhr | 7 Uhr |
| 2. Tages-hälfte | $12 + 1 =$ ____ Uhr | ___ $+$ ___ $=$ ___ Uhr | ___ $+$ ___ $=$ ___ Uhr |

12 Stunden der 1. Tageshälfte

1 Stunde der 2. Tageshälfte

③ Zeitpunkte! Schreibe beide Uhrzeiten.

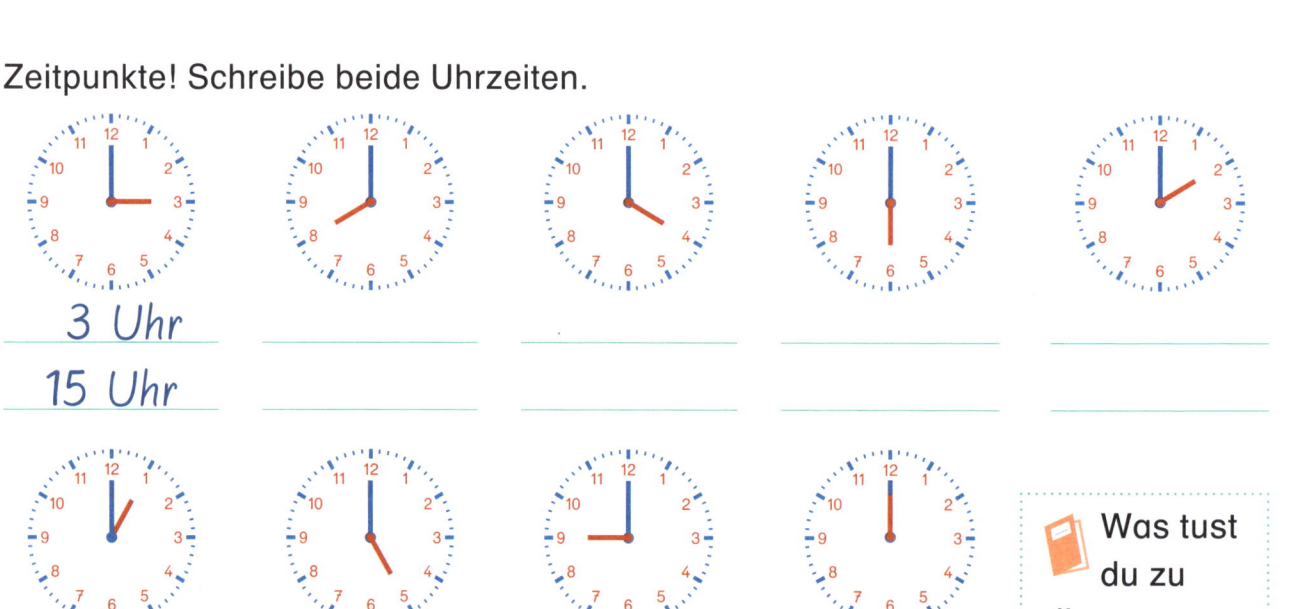

3 Uhr
15 Uhr

_____
_____

21 Uhr   24 Uhr

📖 Was tust du zu diesen Uhrzeiten? Schreibe.

Mein Mathebuch 1 – Arbeitsheft © 2014 Oldenbourg Schulbuchverlag GmbH, München

4 Wann kommt Bibu jeweils an?
Zeichne die Uhrzeit ein.
Berechne die Fahrtdauer.

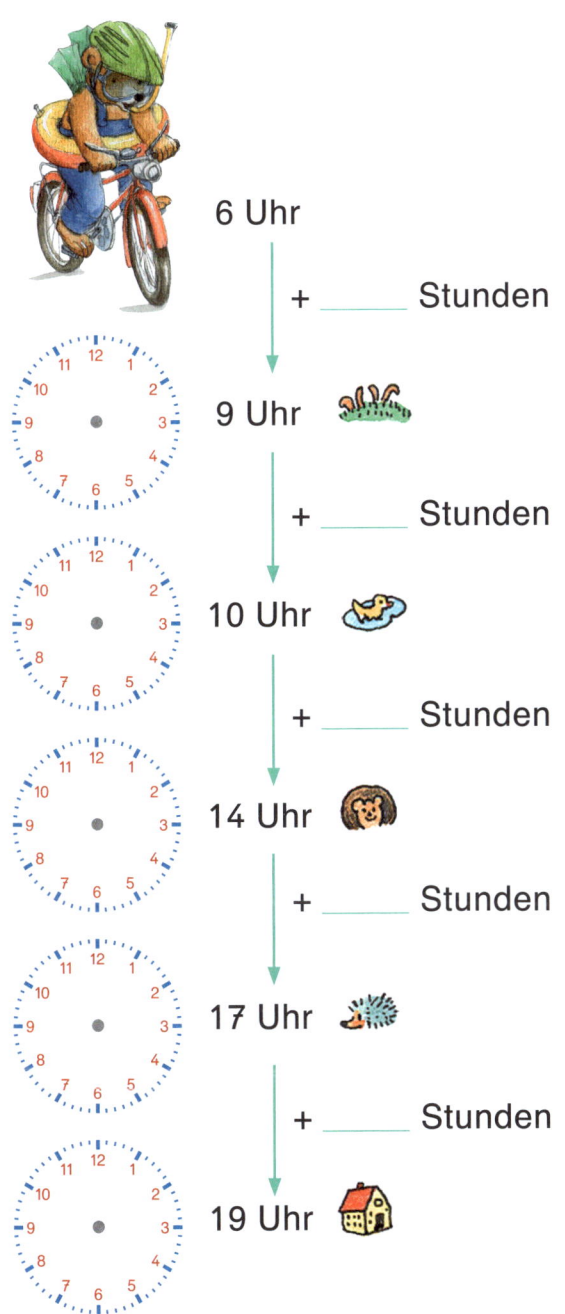

6 Uhr

+ _____ Stunden

9 Uhr

+ _____ Stunden

10 Uhr

+ _____ Stunden

14 Uhr

+ _____ Stunden

17 Uhr

+ _____ Stunden

19 Uhr

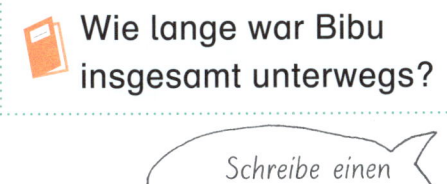

Wie lange war Bibu
insgesamt unterwegs?

*Schreibe einen
eigenen Reiseplan für
„Unser Mathebuch".*

5 Zeitspannen!
Wie viele Stunden sind vergangen?

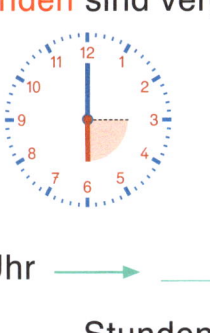

_____ Uhr ⟶ _____ Uhr

_____ Stunden

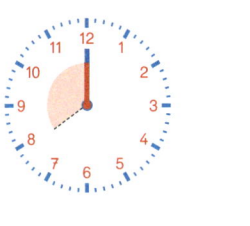

_____ Uhr ⟶ _____ Uhr

_____ Stunden

6 Ergänze die fehlenden Uhrzeiten.

Abfahrt	Fahrtdauer	Ankunft
7 Uhr	3 Stunden	_____ Uhr
12 Uhr	7 Stunden	_____ Uhr
13 Uhr	5 Stunden	_____ Uhr
16 Uhr	4 Stunden	_____ Uhr
10 Uhr	6 Stunden	_____ Uhr

Abfahrt	Fahrtdauer	Ankunft
_____ Uhr	1 Stunde	10 Uhr
_____ Uhr	3 Stunden	15 Uhr
_____ Uhr	5 Stunden	18 Uhr
_____ Uhr	4 Stunden	16 Uhr
_____ Uhr	6 Stunden	17 Uhr

Mein Mathebuch 1 – Arbeitsheft © 2014 Oldenbourg Schulbuchverlag GmbH, München

① Verdoppeln heißt: Das Gleiche noch einmal.

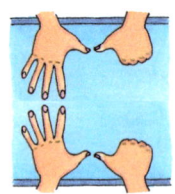 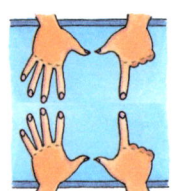 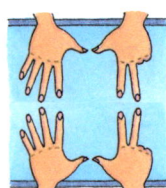 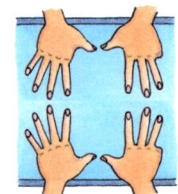

__ + __ = ___   __ + __ = ___   __ + __ = ___   __ + __ = ___

② Verdopple und lerne auswendig.

2	5	1	9	10	3	7	4	6	8	0

0, 2, 4, 6, 8, 10, 12, 14, 16, 18, 20

③ **Fast verdoppeln!** Erkläre deinem Partnerkind den Rechentrick.

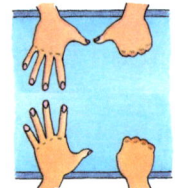 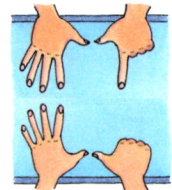 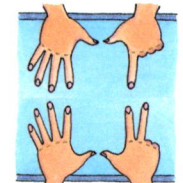

5 + 6 = ___   __ + __ = ___   __ + __ = ___

5 + 5 + 1 = ___

④  **ICH + DU** Wie können die Kinder gerecht teilen?

Probiert gemeinsam und rechnet: _____

 Teile 11, 12, 13, … Stifte gerecht. Was fällt auf?

⑤ Halbieren heißt: In zwei gleiche Teile zerlegen.

10 = 5 + __   6 = __ + __   2 = __ + __   8 = __ + __

20 = __ + __   16 = __ + __   12 = __ + __   18 = __ + __

⑥ Nur gerade Zahlen (10) kannst du halbieren. Male sie gelb an. Was fällt dir auf?

1 2 3 4 5 6 7 8 9 10 11 12 13 14 15 16 17 18 19 20

Rechenstrategien nutzen; Zahlen zerlegen

Mein Mathebuch 1 – Arbeitsheft © 2014 Oldenbourg Schulbuchverlag GmbH, München

Trick: Verwandte Aufgaben

1  ICH + DU + WIR · Findet $+$ und $-$ Aufgaben mit diesen Zahlen. 3 6 9

2 Bilde mit 3 Zahlen 4 verwandte Aufgaben.

 4 / 5 9   6 / 4 10   3 / 4 7   2 / 6 8

$4 + 5 =$ _____   _____   _____

$5 + 4 =$ _____   _____   _____

$9 - 5 =$ _____   _____   _____

$9 - 4 =$ _____   _____   _____

 Bilde auch mit diesen Zahlen 4 verwandte Aufgaben.

2 / 13 15   5 / 12 17   14 / 6 20

3 Sehr bequem, hin zur 10.

$3 + \underline{\ \ } = 10$	$2 + \underline{\ \ } = 10$	$13 - \underline{\ \ } = 10$	$11 - \underline{\ \ } = 10$
$7 + \underline{\ \ } = 10$	$8 + \underline{\ \ } = 10$	$15 - \underline{\ \ } = 10$	$14 - \underline{\ \ } = 10$
$4 + \underline{\ \ } = 10$	$1 + \underline{\ \ } = 10$	$18 - \underline{\ \ } = 10$	$17 - \underline{\ \ } = 10$
$6 + \underline{\ \ } = 10$	$9 + \underline{\ \ } = 10$	$12 - \underline{\ \ } = 10$	$19 - \underline{\ \ } = 10$
$0 + \underline{\ \ } = 10$	$5 + \underline{\ \ } = 10$	$16 - \underline{\ \ } = 10$	$10 - \underline{\ \ } = 10$

4 Vorne 10 ist auch bequem.

$10 + 3 =$ ____	$10 + 8 =$ ____	$10 - 3 =$ ____	$10 - 4 =$ ____
$10 + 9 =$ ____	$10 + 2 =$ ____	$10 - 7 =$ ____	$10 - 6 =$ ____
$10 + 1 =$ ____	$10 + 4 =$ ____	$10 - 1 =$ ____	$10 - 8 =$ ____
$10 + 5 =$ ____	$10 + 6 =$ ____	$10 - 9 =$ ____	$10 - 2 =$ ____
$10 + 7 =$ ____	$10 + 0 =$ ____	$10 - 0 =$ ____	$10 - 5 =$ ____

Mein Mathebuch 1 – Arbeitsheft © 2014 Oldenbourg Schulbuchverlag GmbH, München

Trick: In Schritten rechnen

1 $9 + 4 = \underline{\hspace{3cm}}$

ICH + DU + WIR Wie rechnest du? Wie rechnen andere? Erklärt euch eure Tricks.

2 Trick: Bis zur 10, dann weitergeh'n!

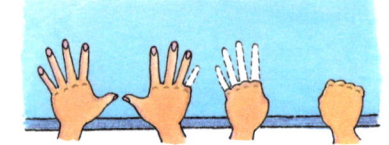 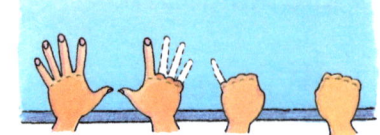 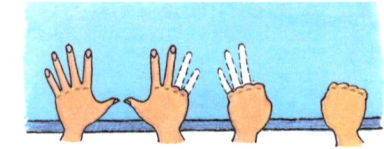

$9 + 5 = \underline{\hspace{1.5cm}}$　　$\underline{\hspace{1cm}} + \underline{\hspace{1cm}} = \underline{\hspace{1.5cm}}$　　$\underline{\hspace{1cm}} + \underline{\hspace{1cm}} = \underline{\hspace{1.5cm}}$

$(9 + 1) + 4 = \underline{\hspace{1.5cm}}$　　$(\underline{\hspace{0.5cm}} + \underline{\hspace{0.5cm}}) + \underline{\hspace{0.5cm}} = \underline{\hspace{1.5cm}}$　　$(\underline{\hspace{0.5cm}} + \underline{\hspace{0.5cm}}) + \underline{\hspace{0.5cm}} = \underline{\hspace{1.5cm}}$

10　　　　　　　10　　　　　　　10

3 Wie rechnest du?

$7 + 4 = \underline{\hspace{1cm}}$	$6 + 5 = \underline{\hspace{1cm}}$	$5 + 7 = \underline{\hspace{1cm}}$	$9 + 7 = \underline{\hspace{1cm}}$
$7 + 5 = \underline{\hspace{1cm}}$	$6 + 7 = \underline{\hspace{1cm}}$	$8 + 6 = \underline{\hspace{1cm}}$	$4 + 7 = \underline{\hspace{1cm}}$
$7 + 8 = \underline{\hspace{1cm}}$	$6 + 9 = \underline{\hspace{1cm}}$	$9 + 5 = \underline{\hspace{1cm}}$	$5 + 8 = \underline{\hspace{1cm}}$
$7 + 6 = \underline{\hspace{1cm}}$	$6 + 8 = \underline{\hspace{1cm}}$	$8 + 5 = \underline{\hspace{1cm}}$	$8 + 4 = \underline{\hspace{1cm}}$

$9 + 8 = \underline{\hspace{1cm}}$	$5 + 9 = \underline{\hspace{1cm}}$	$7 + 7 = \underline{\hspace{1cm}}$	
$4 + 8 = \underline{\hspace{1cm}}$	$8 + 9 = \underline{\hspace{1cm}}$	$4 + 9 = \underline{\hspace{1cm}}$	
$8 + 8 = \underline{\hspace{1cm}}$	$9 + 9 = \underline{\hspace{1cm}}$	$9 + 3 = \underline{\hspace{1cm}}$	
$3 + 8 = \underline{\hspace{1cm}}$	$7 + 9 = \underline{\hspace{1cm}}$	$5 + 6 = \underline{\hspace{1cm}}$	

 Erfinde + Aufgaben über den Zehner.

11, 11, 11, 11, 11, 12, 12, 12, 12, 12, 13, 13, 13, 13, 13, 14, 14, 14, 14, 14, 15, 15, 16, 16, 16, 17, 17, 18

4 Schöne Türme! Was entdeckst du? Setze fort.

$5 + 6 = \underline{\hspace{1cm}}$	$7 + 4 = \underline{\hspace{1cm}}$	$6 + 6 = \underline{\hspace{1cm}}$	$9 + 5 = \underline{\hspace{1cm}}$
$6 + 6 = \underline{\hspace{1cm}}$	$7 + 5 = \underline{\hspace{1cm}}$	$7 + 5 = \underline{\hspace{1cm}}$	$8 + 6 = \underline{\hspace{1cm}}$
$\underline{\hspace{0.5cm}} + \underline{\hspace{0.5cm}} = \underline{\hspace{1cm}}$	$\underline{\hspace{0.5cm}} + \underline{\hspace{0.5cm}} = \underline{\hspace{1cm}}$	$\underline{\hspace{0.5cm}} + \underline{\hspace{0.5cm}} = \underline{\hspace{1cm}}$	$\underline{\hspace{0.5cm}} + \underline{\hspace{0.5cm}} = \underline{\hspace{1cm}}$
$\underline{\hspace{0.5cm}} + \underline{\hspace{0.5cm}} = \underline{\hspace{1cm}}$	$\underline{\hspace{0.5cm}} + \underline{\hspace{0.5cm}} = \underline{\hspace{1cm}}$	$\underline{\hspace{0.5cm}} + \underline{\hspace{0.5cm}} = \underline{\hspace{1cm}}$	$\underline{\hspace{0.5cm}} + \underline{\hspace{0.5cm}} = \underline{\hspace{1cm}}$

Erfinde eigene Rechentürme.

Mein Mathebuch 1 – Arbeitsheft © 2014 Oldenbourg Schulbuchverlag GmbH, München

Trick: In Schritten rechnen

1 1 3 − 4 = ____

ICH + DU + WIR Wie rechnest du? Wie rechnen andere? Erklärt euch eure Tricks.

2 Trick: Zur 10 zurück, dann noch ein Stück.

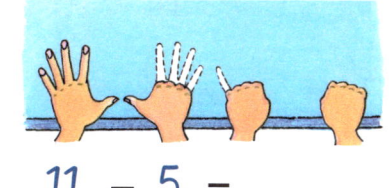 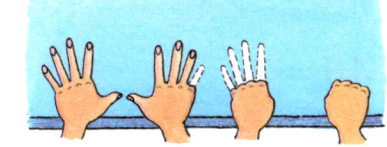 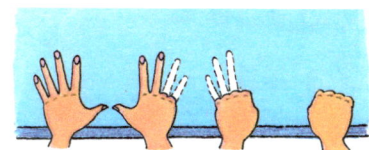

$11 - 5 =$ ____ ____ $- $ ____ $=$ ____ ____ $-$ ____ $=$ ____

$11 - 1 - 4 =$ ____ ____ $-$ ____ $=$ ____ ____ $-$ ____ $=$ ____

10   10   10

3 Wie rechnest du?

$12 - 3 =$ ___	$13 - 4 =$ ___	$14 - 6 =$ ___	$15 - 7 =$ ___
$12 - 7 =$ ___	$13 - 6 =$ ___	$11 - 8 =$ ___	$17 - 8 =$ ___
$12 - 9 =$ ___	$13 - 8 =$ ___	$16 - 7 =$ ___	$14 - 8 =$ ___
$12 - 5 =$ ___	$13 - 7 =$ ___	$18 - 9 =$ ___	$11 - 6 =$ ___

$15 - 8 =$ ___	$16 - 9 =$ ___	$11 - 2 =$ ___
$17 - 8 =$ ___	$17 - 9 =$ ___	$13 - 9 =$ ___
$14 - 8 =$ ___	$14 - 9 =$ ___	$12 - 4 =$ ___
$16 - 8 =$ ___	$15 - 9 =$ ___	$15 - 6 =$ ___

 Erfinde ⊖ Aufgaben über den Zehner.

3, 3, 4, 5, 5, 5, 5, 6, 6, 6, 6, 7, 7, 7, 7, 8, 8, 8, 8, 8, 9, 9, 9, 9, 9, 9, 9, 9

4 Schöne Türme! Was entdeckst du? Setze fort.

$15 - 6 =$ ___	$11 - 4 =$ ___	$13 - 6 =$ ___	$18 - 9 =$ ___
$14 - 6 =$ ___	$11 - 5 =$ ___	$14 - 7 =$ ___	$17 - 8 =$ ___
___ $-$ ___ $=$	___ $-$ ___ $=$	___ $-$ ___ $=$	___ $-$ ___ $=$
___ $-$ ___ $=$	___ $-$ ___ $=$	___ $-$ ___ $=$	___ $-$ ___ $=$

 Erfinde eigene Rechentürme.

Mein Mathebuch 1 – Arbeitsheft © 2014 Oldenbourg Schulbuchverlag GmbH, München

1 Sehr bequem! ⊕ und ⊖ mit der 10.

6 + 10 = _16_	2 + 10 = ___	18 − 10 = _8_	11 − 10 = ___
3 + 10 = ___	7 + 10 = ___	15 − 10 = ___	14 − 10 = ___
1 + 10 = ___	8 + 10 = ___	17 − 10 = ___	13 − 10 = ___
9 + 10 = ___	4 + 10 = ___	19 − 10 = ___	16 − 10 = ___

1, 3, 4, 5, 6, 7, 8̶, 9, 11, 12, 13, 14, 1̶6̶, 17, 18, 19

2 Schöne Paare mit ⊕! Erkläre deinem Partnerkind den Trick mit + 9.

3 + 10 = ___	4 + 10 = ___	9 + 10 = ___
3 + 9 = ___	4 + 9 = ___	9 + 9 = ___
7 + 10 = ___	8 + 10 = ___	5 + 10 = ___
7 + 9 = ___	8 + 9 = ___	5 + 9 = ___

Finde weitere schöne Paare mit ⊕.

12, 13, 13, 14, 14, 15, 16, 17, 17, 18, 18, 19

3 Schöne Paare mit ⊖! Erkläre deinem Partnerkind den Trick mit − 9.

11 − 10 = ___	14 − 10 = ___	13 − 10 = ___
11 − 9 = ___	14 − 9 = ___	13 − 9 = ___
15 − 10 = ___	17 − 10 = ___	18 − 10 = ___
15 − 9 = ___	17 − 9 = ___	18 − 9 = ___

Finde weitere schöne Paare mit ⊖.

1, 2, 3, 4, 4, 5, 5, 6, 7, 8, 8, 9

4 Ist der Platz ganz vorne leer, rechne ich von hinten her.

8 ist auch fast 10!

___ + 9 = 12	___ − 9 = 8	___ + 8 = 13	___ − 8 = 3
_12_ − _9_ = ___	_8_ + _9_ = ___	___ − ___ = ___	___ + ___ = ___
___ + 9 = 11	___ − 9 = 6	___ + 8 = 17	___ − 8 = 4
___ − ___ = ___	___ + ___ = ___	___ − ___ = ___	___ + ___ = ___

Mein Mathebuch 1 – Arbeitsheft © 2014 Oldenbourg Schulbuchverlag GmbH, München

Reise ins Land des Sachrechnens

Schaubilder

1 Welches Fach findest du am wichtigsten?
In der Klasse 1b hat dazu jedes Kind eine Meinung.

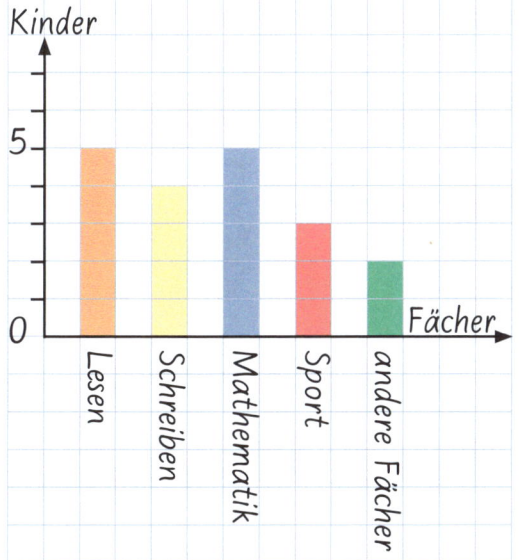

Lesen: ___ Kinder

Schreiben: ___ Kinder

Mathematik: ___ Kinder

Sport: ___ Kinder

andere Fächer: ___ Kinder

F: Wie viele Kinder sind in der Klasse 1b?

R:

A:___ Kinder sind in der Klasse 1b.

2 Wie antworten die Kinder in deiner Klasse? Jedes Kind hat eine Stimme.

a) Erstelle eine Strichliste.

Lesen: ☐

Schreiben: ☐

Mathematik: ☐

Sport: ☐

andere Fächer: ☐

b) Zeichne ein passendes Schaubild.

F: Wie viele Kinder sind heute anwesend?

R:

A:___ Kinder sind heute anwesend.

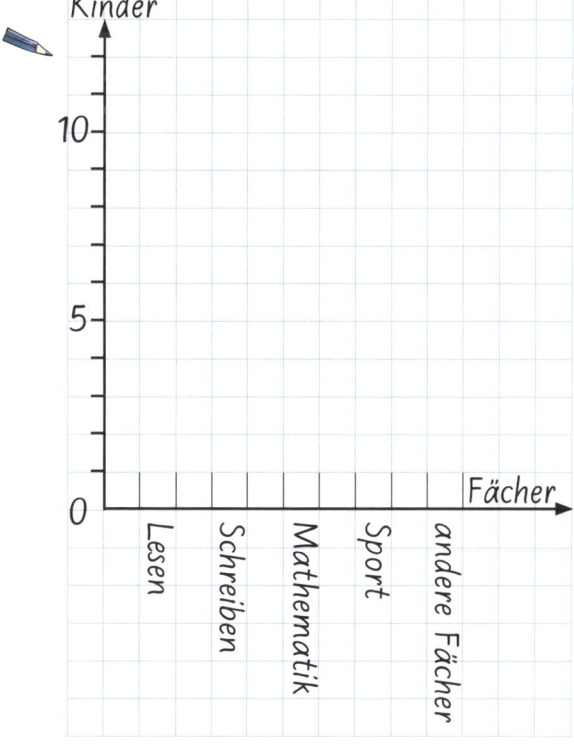

Mein Mathebuch 1 – Arbeitsheft © 2014 Oldenbourg Schulbuchverlag GmbH, München

Reise ins Land des Sachrechnens

einfache Skizzen

1 **ICH + DU + WIR** Zeichnet möglichst einfach. Vergleicht eure Skizzen.

2 Zeichne einfach, zeichne klar, schon stellt sich die Lösung dar.

a) An einer Ausflugsfahrt nach Malstadt
nehmen 15 Personen teil.
In ein Auto passen höchstens 5 Personen.

F: Wie viele Autos werden gebraucht?

R:

A:___ Autos werden gebraucht.

b) In Malstadt kauft Resul für sich und
seine Freunde für 12 € Eis.
Eine Eistüte kostet 2 €.

F: Wie viele Eistüten kauft Resul?

R:

A:___ Eistüten kauft Resul.

Einfache Darstellungsformen entwickeln, wählen und nutzen

Mein Mathebuch 1 – Arbeitsheft © 2014 Oldenbourg Schulbuchverlag GmbH, München

1 Schreibe beide Uhrzeiten. **2** Wie viele Stunden sind vergangen?

Wie konntest du die Aufgaben lösen? Male passend dazu:

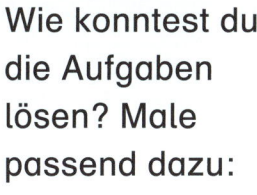

_____ Uhr _____ Uhr   _____ Uhr ⟶ _____ Uhr

_____ Uhr _____ Uhr ◯   _____ Stunden ◯

3

$9 + 9 = $ _____ $\qquad$ $3 + 8 = $ _____ $\qquad$ $13 - 4 = $ __ $\qquad$ $15 - 7 = $ __

$4 + 7 = $ _____ $\qquad$ $7 + 9 = $ _____ $\qquad$ $15 - 9 = $ __ $\qquad$ $13 - 9 = $ __

$7 + 5 = $ _____ $\qquad$ $7 + 6 = $ _____ $\qquad$ $14 - 8 = $ __ $\qquad$ $14 - 5 = $ __

$9 + 8 = $ _____ $\qquad$ $8 + 4 = $ _____ $\qquad$ $12 - 9 = $ __ $\qquad$ $13 - 6 = $ __ ◯

4 In der Klasse 1c hatte heute jedes Kind ein Stück Gemüse oder Obst dabei.

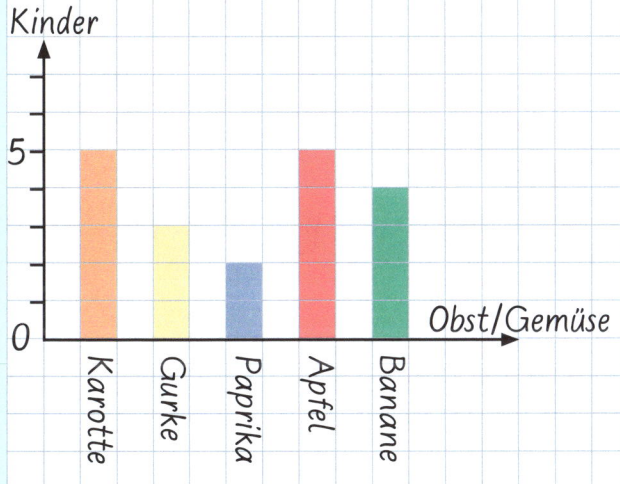

a) Wie viele Kinder hatten ein Stück Apfel dabei?

___ Kinder

b) Welches Gemüse hatten genau so viele Kinder dabei?

_____

c) Einige Kinder hatten Paprika dabei. Welches Obst hatten doppelt so viele Kinder dabei?

_____ ◯

5 a) Verdopple.

7	5	9	10	6	4	8	3

b) Halbiere.

18	16	12	20	14	10	4	6
								◯

6

_____ $+ 4 = 16$ $\qquad$ _____ $- 3 = 12$ $\qquad$ $9 + $ __ $= 11$ $\qquad$ $12 - $ __ $= 8$

_____ $+ 7 = 18$ $\qquad$ _____ $- 6 = 11$ $\qquad$ $6 + $ __ $= 13$ $\qquad$ $17 - $ __ $= 9$

_____ $+ 5 = 20$ $\qquad$ _____ $- 5 = 13$ $\qquad$ $7 + $ __ $= 15$ $\qquad$ $14 - $ __ $= 7$ ◯

Mein Mathebuch 1 – Arbeitsheft © 2014 Oldenbourg Schulbuchverlag GmbH, München

So viele Möglichkeiten!

1 ICH + DU + WIR ▷ Zeichnet mit  dreifarbige Ketten. Wie geht ihr vor?

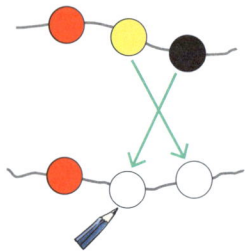

Zeichne mit 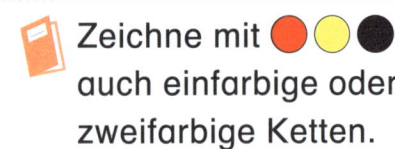 auch einfarbige oder zweifarbige Ketten.

2 Zeichne nach Plan: Jede Kette hat 3 verschiedene Farben.

3 Zeichne Lenas Möglichkeiten, sich zu kleiden.
Überlege dir dazu einen Plan.

Lena hat:

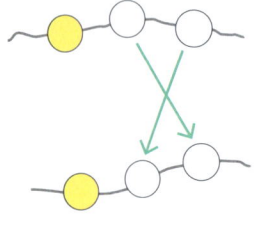
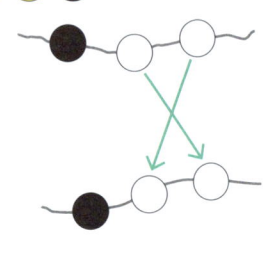

So kann sich Lena kleiden:

Lena bekommt  dazu.
Zeichne ihre Möglichkeiten.

Mein Mathebuch 1 – Arbeitsheft © 2014 Oldenbourg Schulbuchverlag GmbH, München

Unser Geld: Cent

1 Wer (2) kann den  ⟨15 ct⟩ kaufen? Rechne und kreise ein.

Luisa _____ct   Samuel _____ct   Fabian _____ct   Jakob _____ct

2 Immer 10 ct! Zeichne 3 weitere Möglichkeiten. ⑩

Finde alle Möglichkeiten.

3 Armin hat 2 Kupfermünzen. Wie viele Cent können das sein?

Finde alle Möglichkeiten.

4 a) Wie viel Geld bekommen die Kinder zurück? Rechne.

⟨4 ct⟩   ⟨2 ct⟩   ⟨5 ct⟩   ⟨10 ct⟩

Resul kauft:	Es kostet:	Resul gibt:	Rückgeld:
	_____ ct		zurück: ___ct
Leila kauft:	Es kostet:	Leila gibt:	Rückgeld:
	_____ ct		zurück: ___ct
Marie kauft:	Es kostet:	Marie gibt:	Rückgeld:
	_____ ct		zurück: ___ct
Samuel kauft:	Es kostet:	Samuel gibt:	Rückgeld:
	_____ ct		zurück: ___ct

b) Wer bekommt mehr Geld zurück als Resul, wer weniger? Umkreise passend.

Mein Mathebuch 1 – Arbeitsheft © 2014 Oldenbourg Schulbuchverlag GmbH, München

Unser Geld: Münzen und Scheine

1 Wie kannst du das bezahlen? $\boxed{20\ €}$ Finde 3 weitere Möglichkeiten. $\boxed{20\ €}$

			📙 **Immer 10 €!** Zeichne viele Möglichkeiten.

2 Zeichne möglichst wenige Münzen und Geldscheine.

3 a) Wie viel Geld bekommen die Kinder zurück? Rechne.

Antonia kauft:	Es kostet:	Antonia gibt:	Rückgeld:
3 € 1 €	____ €	10	zurück: ___ €
Luisa kauft:	Es kostet:	Luisa gibt:	Rückgeld:
4 € 7 €	____ €	20	zurück: ___ €
Christian kauft:	Es kostet:	Christian gibt:	Rückgeld:
2 € 9 € 2 € 1 €	____ €	5	zurück: ___ €

b) Wer bekommt **mehr** Geld zurück als Antonia, wer **weniger**? Umkreise passend.

Geldbeträge unterschiedlich darstellen; Geldbeträge vergleichen

Mein Mathebuch 1 – Arbeitsheft © 2014 Oldenbourg Schulbuchverlag GmbH, München

Reise ins Land des Sachrechnens

Sachrechnen mit Geld

1 Wichtig zu wissen! Trage ein: 1, 7, 5

1 Woche hat ___ Tage. 1 Schulwoche hat ___ Tage.  sind ___ €.

2 Bens großer Bruder Samuel erhält jeden Tag 1 € Taschengeld.
F: Wie viele Euro bekommt Samuel in einer Woche?

Mo 1 €   Di   Mi   Do   Fr   Sa   So

Nach 2 Wochen hat Samuel 20 €. Kann das sein?

R: _____

A: ___ Euro bekommt Samuel in einer Woche.

3 In der Pause kauft sich Sara jeden Tag eine Milch und eine Brezel.
F: Wie viele Euro gibt Sara in einer Schulwoche aus?

R: _____

A: ___ Euro gibt Sara in einer Schulwoche aus.

1 €   1 €

4 4 kleine Hefte kosten 3 €. 6 große Hefte kosten **das Doppelte**.
F: Wie viele Euro kosten 6 große Hefte?

   3 €      €

Resul kauft 4 kleine und 6 große Hefte. Er zahlt 15 €. Kann das sein?

R: _____

A: ___ Euro kosten 6 große Hefte.

5 Gestern musste man für 2 T-Shirts noch 20 € bezahlen.
Heute kosten sie nur **die Hälfte.**
F: Wie viele kosten die beiden T-Shirts heute?

R: _____

A: ___ Euro kosten die beiden T-Shirts heute.

Mein Mathebuch 1 – Arbeitsheft © 2014 Oldenbourg Schulbuchverlag GmbH, München

Für nimmersatte Mathebären

① 20 $\xrightarrow{-2}$ 18 $\xrightarrow{-2}$ *16* $\xrightarrow{-}$ ____ $\xrightarrow{-}$ ____ $\xrightarrow{-}$ ____ $\xrightarrow{-}$ 8

19 $\xrightarrow{-2}$ 17 $\xrightarrow{-2}$ *15* $\xrightarrow{-}$ ____ $\xrightarrow{-}$ ____ $\xrightarrow{-}$ ____ $\xrightarrow{-}$ 7

② 0, 3, 6, ____, ____, ____, ____, 21

1, 3, 5, ____, ____, ____, ____, ____, 19

2, 4, 6, ____, ____, ____, ____, ____, 20

Achte auf die unsichtbaren Aufgaben.

③ Schöne Paare! Erkläre deinem Partnerkind den Rechentrick.

9 + 6 = ____   9 + 8 = ____   9 + 4 = ____

10 + 5 = ____   10 + 7 = ____   10 + 3 = ____

9 + 2 = ____   9 + 7 = ____   9 + 3 = ____

10 + 1 = ____   10 + 6 = ____   10 + 2 = ____

Finde weitere schöne Paare mit ⊕.

④ Schöne Paare! Erkläre deinem Partnerkind den Rechentrick.

11 − 2 = __   11 − 5 = __   11 − 7 = __

10 − 1 = __   10 − 4 = __   10 − 6 = __

11 − 8 = __   11 − 6 = __   11 − 4 = __

10 − 7 = __   10 − 5 = __   10 − 3 = __

Finde weitere schöne Paare mit ⊖.

⑤ Setze ein: < (3), > (4) oder = (5).

(3 + 5) ○ (9 − 6)   (6 − 5) ○ (0 + 2)   (3 + 2) ○ (10 − 4)

8   ____   ____

2 + 8 ○ 17 − 7   11 + 3 ○ 16 − 2   12 + 5 ○ 20 − 3

8 + 5 ○ 18 − 4   3 + 4 ○ 11 − 4   4 + 5 ○ 16 − 8

5 + 9 ○ 20 − 9   4 + 7 ○ 15 − 5   2 + 4 ○ 14 − 8

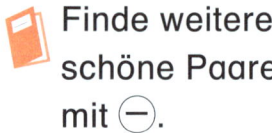

Schreibe Zahlenrätsel für „Unser Mathebuch".

⑥

Meine Zahl ist gerade, kleiner als 3 und nicht 0.	Meine Zahl ist ungerade und kleiner als 3.	Meine Zahl ist das Doppelte von 10.
____	____	____

Arithmetische Muster fortsetzen; Rechenstrategien nutzen

Mein Mathebuch 1 – Arbeitsheft © 2014 Oldenbourg Schulbuchverlag GmbH, München

1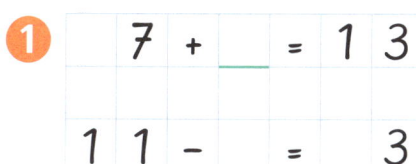

7 + ___ = 1 3

1 1 − ___ = 3

ICH + DU + WIR ▸ Wie rechnest du? Wie rechnen andere?
Erklärt euch eure Tricks.

2 Am Anfang …   Dann …   Am Ende …   Rechnung:

 → ? →    ___ + ___ = ___

 →  → 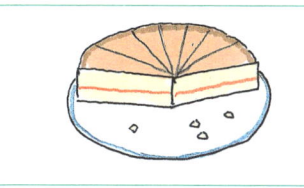   ___ − ___ = ___

3

7 + ___ = 15	4 + ___ = 12	9 + ___ = 13	7 + ___ = 17
7 + ___ = 11	9 + ___ = 11	7 + ___ = 14	6 + ___ = 11
7 + ___ = 16	5 + ___ = 13	3 + ___ = 12	2 + ___ = 11
7 + ___ = 12	8 + ___ = 8	8 + ___ = 14	5 + ___ = 12

0, 2, 4, 4, 5, 5, 6, 7, 7, 8, 8, 8, 9, 9, 9, 10

4

11 − ___ = 6	17 − ___ = 8	17 − ___ = 9	13 − ___ = 4
11 − ___ = 9	14 − ___ = 6	13 − ___ = 6	16 − ___ = 6
11 − ___ = 4	18 − ___ = 9	16 − ___ = 9	15 − ___ = 7
11 − ___ = 7	15 − ___ = 8	12 − ___ = 3	12 − ___ = 6

2, 4, 5, 6, 7, 7, 7, 7, 8, 8, 8, 9, 9, 9, 9, 10

5 Wie groß ist der Unterschied? Kreise ein. Wie kannst du rechnen?

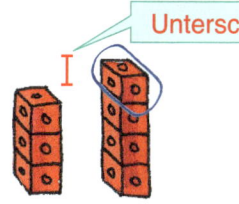
Unterschied

Unterschied: Unterschied: Unterschied: Unterschied:
___ Würfel   ___ Würfel   ___ Würfel   ___ Würfel

_____   _____   _____

Mein Mathebuch 1 – Arbeitsheft © 2014 Oldenbourg Schulbuchverlag GmbH, München

Trick: Umkehraufgaben

① Am Anfang … Dann …   Am Ende …   Rechnung:

 →   →

___ − ___ = ___

___ + ___ = ___

② Ist der Platz ganz vorne leer, rechne ich von hinten her: Die Umkehraufgabe.

___ + 5 = 13	___ + 7 = 15	___ + 6 = 14	___ + 8 = 16
13 − 5 = ___	___ − ___ = ___	___ − ___ = ___	___ − ___ = ___
___ − 5 = 9	___ − 8 = 3	___ − 6 = 7	___ − 7 = 9
___ + ___ = ___	___ + ___ = ___	___ + ___ = ___	___ + ___ = ___

③

___ + 4 = 13	___ + 6 = 13	___ − 3 = 9	___ − 4 = 7
___ + 6 = 11	___ + 8 = 17	___ − 5 = 6	___ − 8 = 5
___ + 7 = 16	___ + 2 = 11	___ − 6 = 8	___ − 9 = 8
___ + 9 = 15	___ + 5 = 12	___ − 7 = 5	___ − 2 = 9

5, 6, 7, 7, 9, 9, 9, 9, 11, 11, 11, 12, 12, 13, 14, 17

④ Achtung Fehler (3)! Rechne alles richtig.

9 + 5 = 14	13 − 7 = 6	7 + 8 = 15
13 − 8 = 6	6 + 9 = 17	15 − 6 = 9
8 + 4 = 12	12 − 5 = 7	5 + 7 = 13

_____   _____   _____

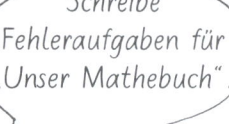

Schreibe Fehleraufgaben für „Unser Mathebuch".

⑤ Setz' ich ein = Zeichen ein, muss links und rechts gleich viel sein.

5 + ___ = 11	___ − 2 = 9	13 − ___ = 9	6 + ___ = 14
11			
___ + 4 = 13	7 + 9 = ___	___ − 8 = 3	___ − 5 = 8
12 − 6 = ___	4 + ___ = 12	9 + ___ = 13	13 − 9 = ___

Rechenstrategien nutzen

Mein Mathebuch 1 – Arbeitsheft © 2014 Oldenbourg Schulbuchverlag GmbH, München

1 Umkreise die Flächenformen passend:

Vierecke (6) ●, Rechtecke (4) ●, Quadrate (2) ●, Dreiecke (2) ●, Kreise (2) ●.

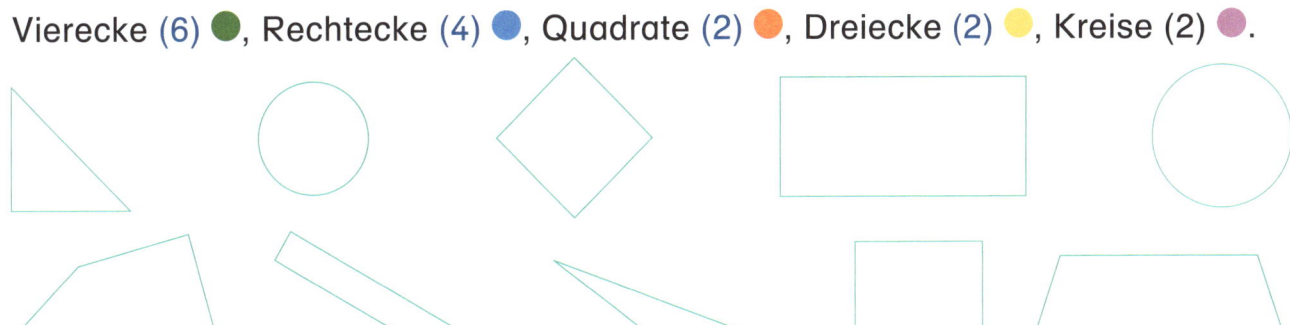

2 Setze passend ein: Quadrat (2), Rechteck (2).

Das _____ und das _____ sind besondere Vierecke.

Das _____ ist ein besonderes _____.

3 a) Zeichne ab und färbe: größter Flächeninhalt ●, kleinster Flächeninhalt ●.

b) **ICH + DU** Untersucht jeweils den Umfang. Was entdeckt ihr?

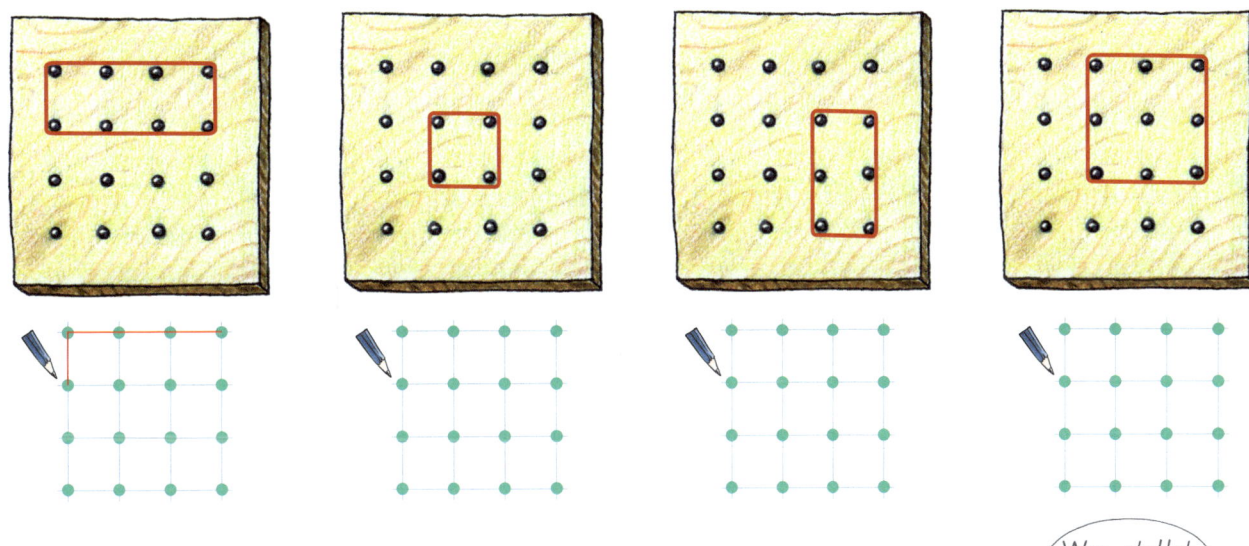

4 a) Male an: größter Flächeninhalt ●, kleinster Flächeninhalt ●.

b) Spure nach: größter Umfang ●, kleinster Umfang ●.

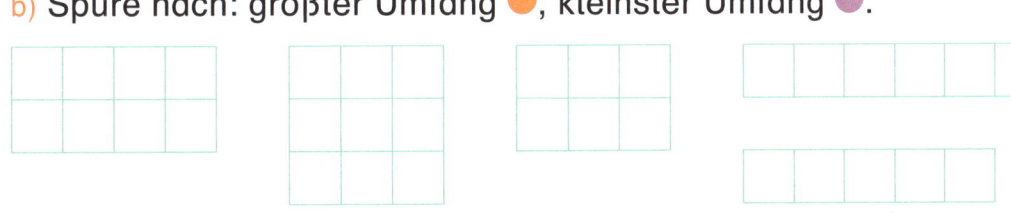

Was stellst du fest?

Zeichne Rechtecke: Gleicher Flächeninhalt, unterschiedlicher Umfang.

Mein Mathebuch 1 – Arbeitsheft © 2014 Oldenbourg Schulbuchverlag GmbH, München

① Steffi kauft ein 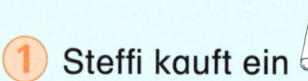 für 12 €. Sie bezahlt mit .

F: Wie viele € bekommt Steffi zurück?

R:

A:___ € bekommt Steffi zurück. ◯

Wie konntest du die Aufgaben lösen?
Male passend dazu:
☺ ☺ ☹

② 4, 8, 12, _____   5, 10, 15, _____   20, 16, 12, _____ ◯

③ Setze ein: <, > oder =.

6 + 9 ◯ 18 − 3   4 + 9 ◯ 20 − 6   5 + 9 ◯ 20 − 9 ◯

④
8 + 6 = ____	14 − 6 = __	6 + __ = 13	____ + 3 = 11
5 + 9 = ____	11 − 9 = __	9 + __ = 12	____ + 7 = 14
9 + 5 = ____	16 − 7 = __	15 − __ = 8	____ − 4 = 7
6 + 7 = ____	12 − 3 = __	12 − __ = 7	____ − 8 = 9

◯

⑤ Luisa ist 6 Jahre alt. Ihr Bruder Felix ist doppelt so alt.
Ihre Schwester Fine ist nur halb so alt.

F: Wie alt ist Felix?

R:

A:_____ Jahre alt ist Felix.

F: Wie alt ist Fine?

R:

A:__ Jahre alt ist Fine. ◯

⑥ Umkreise passend: Vierecke 🟢, Rechtecke 🔵, Quadrate 🟠, Dreiecke 🟡.

◯

⑦ 3 Obstscheiben – 6 verschiedene Möglichkeiten! Zeichne.

◯

Mein Mathebuch 1 – Arbeitsheft © 2014 Oldenbourg Schulbuchverlag GmbH, München

Rechenmauern

1

13
9   4

5   8

6   7

8   3

12
8

11
2

14
5

2 Was fällt dir auf?

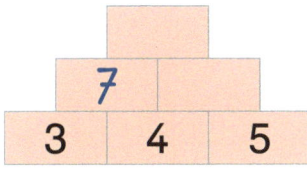
7
3   4   5

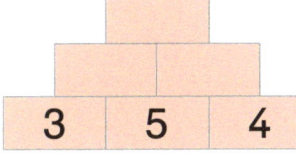
3   5   4

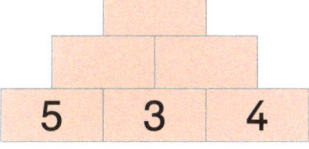
5   3   4

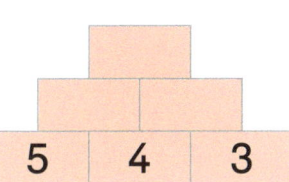
5   4   3

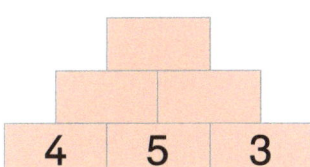
4   5   3

4   3   5

3 Setze die Zahlen geschickt ein.

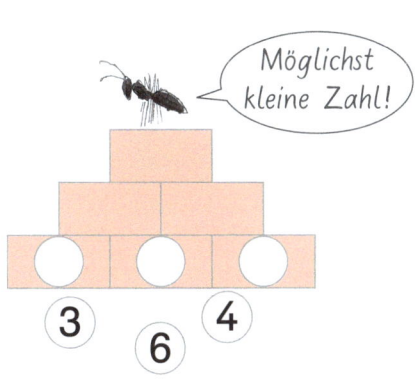

Möglichst kleine Zahl!

3   6   4

Möglichst große Zahl!

3   6   4

Weder eine möglichst große noch eine möglichst kleine Zahl!

6   4   3

4 Bilde unterschiedliche Mauern.

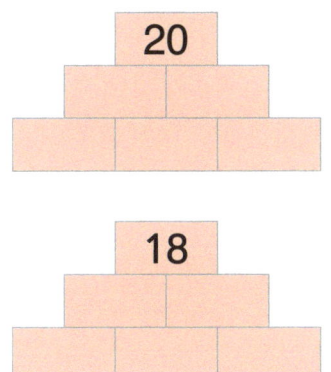
20

18

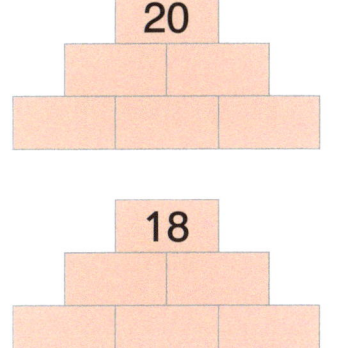
20

18

Erfinde Rechenmauern.

18

Mein Mathebuch 1 – Arbeitsheft © 2014 Oldenbourg Schulbuchverlag GmbH, München

Reise ins Land des Sachrechnens

einfache Skizzen

---

1 Zeichne einfach, zeichne klar, schon stellt sich die Lösung dar.

In einer Klasse mit insgesamt 19 Kindern sind 10 Mädchen.

F: Wie viele Jungen sind in der Klasse?

S:

R:

A:___ Jungen sind in der Klasse.

---

2 Von den 19 Kindern der Klasse sind 4 Kinder krank.

F: Wie viele Kinder sind heute in der Schule?

S:

R:

A:_____ Kinder sind heute in der Schule.

---

3 In einer Klasse mit 18 Kindern sind 10 Mädchen.

F: Wie viele Mädchen sind es mehr als Jungen?

S:

R:

A:___ Mädchen sind es mehr als Jungen?

 Erfinde ähnliche Rechengeschichten.

Mein Mathebuch 1 – Arbeitsheft © 2014 Oldenbourg Schulbuchverlag GmbH, München

Rechenfragen

1 Bei **Rechenfragen** musst du **rechnen**, um eine Antwort zu finden.
Welche Fragen sind Rechenfragen? Male sie an und rechne.

Denk daran: Die Frage führt zur Antwort.

a) Marie füttert 6 Enten.
4 hungrige Enten kommen dazu.
F 1: Wie viele Enten kommen dazu?
F 2: Wie viele Enten sind jetzt da?

R: 6 + 4 = _____
A: _____ Enten sind jetzt da.

b) Vor dem Zauberer sitzen 11 Hasen.
Simsalabim! Jetzt sind nur noch
6 Hasen da.
F 1: Wie viele Hasen sind
verschwunden?
F 2: Mag der Zauberer lieber braune
oder weiße Hasen?

R: _____
A: _____
_____

c) Bello ist hungrig. Auf dem Tisch
liegen 15 Würstchen. Als die Familie
kommt, gibt es nur noch 6 Würstchen.
F 1: Wie viele Würstchen hat Bello
gefressen?
F 2: Wie viele Würstchen bleiben für
das Essen der Familie übrig?

R: _____
A: _____
_____

d) Bibu hat 12 volle Honiggläser.
Hungrig schleckt er einige davon leer.
Nun hat er nur noch 8 volle Gläser.
F 1: Wie viele volle Gläser hatte Bibu
am Anfang?
F 2: Wie viele Honiggläser hat Bibu
leer geschleckt?

Erfinde ähnliche Rechengeschichten.

R: _____
A: _____

Mein Mathebuch 1 – Arbeitsheft © 2014 Oldenbourg Schulbuchverlag GmbH, München

Spiegelburg

1 Stelle einen Spiegel auf die rote Linie.
Dann siehst du Bibus ganze Burg.

2 Nur Bibus Burg ist
achsensymmetrisch. Kreise ein.

Überprüfe mit dem Spiegel.

Symmetrieachse

3 Verbinde die Spiegelbilder. Achtung! 4 Teile bleiben übrig.

4 Ergänze achsensymmetrisch. Überprüfe mit dem Spiegel.

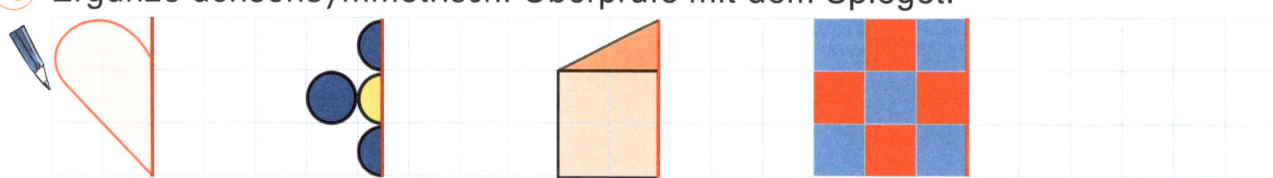

5 Überprüfe die Bilder in Aufgabe 4.
Setze passend ein: oben, unten, links, rechts.

Was im Bild rechts ist, ist im Spiegelbild _____.

Was im Bild links ist, ist im Spiegelbild _____.

Was im Bild oben ist, ist im Spiegelbild _____.

Was im Bild unten ist, ist im Spiegelbild _____.

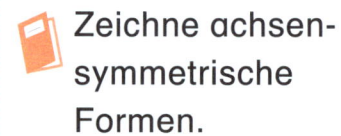 Zeichne achsen-
symmetrische
Formen.

Mein Mathebuch 1 – Arbeitsheft © 2014 Oldenbourg Schulbuchverlag GmbH, München

Merkmale achsensymmetrischer Figuren beschreiben; Achsensymmetrie überprüfen

Reise ins Land des Sachrechnens

Wiederholung

1 Der Vater von Hänsel und Gretel hatte wenig Geld. Jeden Tag wurde das Brot **doppelt** so teuer wie es am Tag vorher war.

Am Montag kostete es noch 2 €, am Dienstag schon 4 €.

F: Wie viel kostete das Brot am Donnerstag?

R:

Mo	Di	Mi	Do
2 €	4 €	___ €	____ €

A: _____

2 Hänsel und Gretel schliefen um 13 Uhr ein und wachten um 20 Uhr wieder auf.

F: Wie lange hatten die Kinder geschlafen?

R:

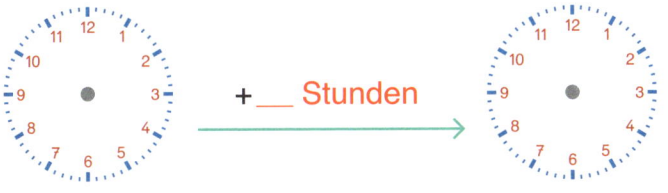 +___ Stunden

A: _____

3 Hänsel und Gretel entdeckten ein Haus mit Lebkuchen.

9 Lebkuchen waren auf jeder Dachhälfte.

F: Wie viele Lebkuchen waren es insgesamt?

R: _____

A: _____

4 Eine böse Hexe lockte die Kinder ins Haus und sperrte Hänsel in einen Stall. Er musste jeden Tag 2 Hähnchen essen.

F: Wie viele Hähnchen aß er insgesamt in 6 Tagen?

S:

R: _____

A: _____

Suche dir ein Märchen aus. Erfinde eigene Rechengeschichten.

Mein Mathebuch 1 – Arbeitsheft © 2014 Oldenbourg Schulbuchverlag GmbH, München

____ + ___ + ___ = 8   ____ + ___ + ___ = 11   ____ + ___ + ___ = 10

____ + ___ − ___ = 6   ____ + ___ − ___ = 7   ____ + ___ − ___ = 4

____ − ___ − ___ = 2   ____ − ___ − ___ = 1   ____ − ___ − ___ = 0

____ − ___ + ___ = 4   ____ − ___ + ___ = 5   ____ − ___ + ___ = 6

 Zahlen besetzen

- Du brauchst 3 Würfel und einen Farbstift.
- Würfle und rechne dazu ⊕ oder ⊖.

Beispiel: 5 + 2 + 1 = 8 oder
5 − 2 − 1 = 2 oder
5 − 2 + 1 = 4 ...

Ihr könnt auch zu zweit spielen!

- Male die jeweilige Ergebniszahl an
und schreibe die Rechnung daneben.
Diese Zahl ist nun besetzt.
- Würfle weiter. Schaffst du es, alle Zahlen zu besetzen?

1	2
3	4
5	6
7	8
9	10
11	12
13	14
15	16
17	18

Zahlensätze des Einsplus- und Einsminuseins automatisiert und flexibel anwenden

Mein Mathebuch 1 – Arbeitsheft © 2014 Oldenbourg Schulbuchverlag GmbH, München

1 a) Setze die richtigen Zahlen ein.

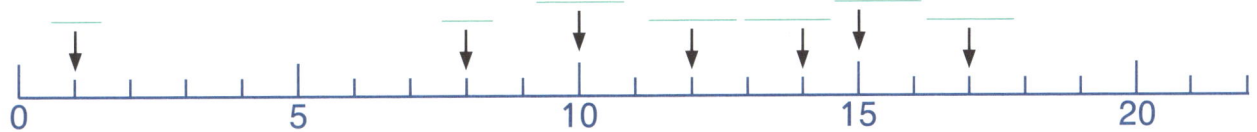

b) Welche Zahl liegt genau in der Mitte?

16 ___ 20   10 ___ 20   1 ___ 9   13 ___ 17   5 ___ 15

2 Ergänze zu 20.

 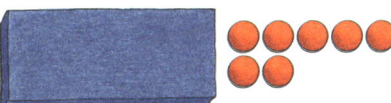 

_15_ + ___ = 20   ___ + ___ = 20   ___ + ___ = 20

3 Setze richtig ein: Tag, Stunden, Woche, Tage, 5, Schulwoche

Eine _____ hat 7 _____ .

Eine _____ hat nur ___ Tage.

Ein _____ hat 24 _____ .

4 Wie viel Zeit vergeht?

 Stunden

5 Wie viel Geld ist es?

_____ €   _____ ct

6 Male farbig an.

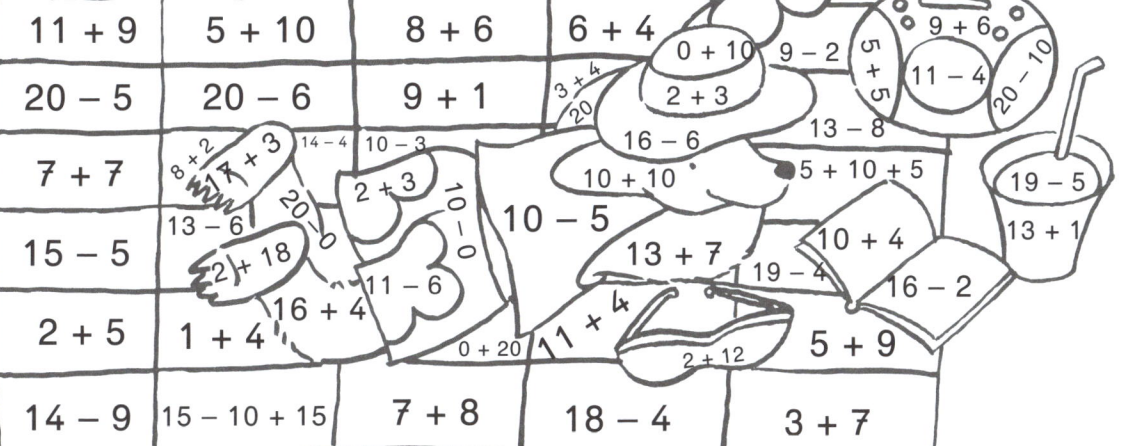

11 + 9	5 + 10	8 + 6	6 + 4
20 − 5	20 − 6	9 + 1	
7 + 7			
15 − 5			
2 + 5	1 + 4		
14 − 9	15 − 10 + 15	7 + 8	18 − 4

5 — ⬛ 5
7 — ⬛ 7
10 — ⬛ 10
14 — ⬛ 14
15 — ⬛ 15
20 — ⬛ 20

Mein Mathebuch 1 – Arbeitsheft © 2014 Oldenbourg Schulbuchverlag GmbH, München

Aufgabenniveau

(1) Dies sind einfache Übungsaufgaben.

(2) Hier kannst du Zusammenhänge entdecken.

(3) Bei diesen Aufgaben musst du gründlich überlegen.

ICH + DU + WIR

ICH Überlege zuerst alleine.

DU Tausche dich dann mit deinem Partnerkind aus.

WIR Vergleicht nun eure Lösungswege und Entdeckungen in der Gruppe.

Hefteinträge

 Rechne weiter in deinem Heft.

Lösungszahlen

Kontrolliere mit den blauen Zahlen in den Klammern (5) oder unter den Aufgaben 7, 12, 15, 19 deine Lösungen.

Das kann ich schon

Hier kannst du erproben, was du schon kannst.

Unser Mathebuch

Erfinde Aufgaben für „Unser Mathebuch".
Die Anleitung findest du auf Seite 19.

Meine Mathebox

Schneide die Kärtchen aus, die deinem Arbeitsheft beiliegen.
So kannst du üben:

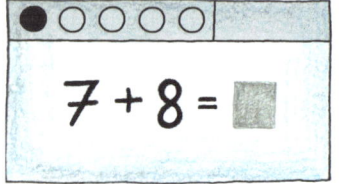  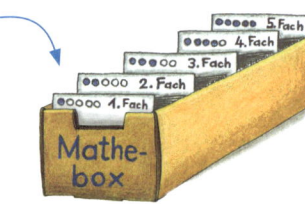

1. Lies die Aufgabe.
2. Schreibe die Aufgabe mit dem Ergebnis auf.

3. Drehe das Kärtchen um und überprüfe dein Ergebnis.

4. Richtig gerechnet? Dann wandert das Kärtchen ein Fach weiter.

Mein Mathebuch 1 – Arbeitsheft © 2014 Oldenbourg Schulbuchverlag GmbH, München